知識ゼロでも大丈夫！

# 税理士試験のための
# 簿記入門

堀川洋 著

ネットスクール出版

# は じ め に

　簿記の勉強を何らかのライセンス取得のために独学で始めようとするのであれば参考書が必要です。

　本書は税理士というライセンスを目指して簿記の学習を始めようとしているまったくの初心者を対象にして、「知識ゼロ」からその学習がスタートできるようにその基礎をまとめた参考書です。

　よく言われることですが簿記は金銭収支の記録方法を学ぶことです。学習の過程ではたくさんの計算も出てきます。また難しい算式等もマスターしなければなりません。本書ではこれらをひとつずつ丁寧にわかり易く説明してありますから、安心してそれぞれの項目をマスターしながら学習が進められるはずです。

　特に、本書は税理士試験の受験科目のひとつである簿記論の初歩からの説明をしていますが、実際に勉強を始めると少し難しく感じるかもしれません。しかし、これは新しいことを初めて学んでいるのですから、簿記のことに限らず、すべての学習に共通する不安だと考えてください。決して急いで先に進むのではなく、各頁をゆっくり読んで内容が理解できたら次の頁へ進んでください。

　本書で学習することにより、簿記の基礎的な知識は確実に身につきます。これによりこの先の税理士試験の簿記論や財務諸表論の本格的受験勉強を開始することができます。その学習が独学であれ、専門スクールへの通学であれ、いずれの方法であったとしても本書で身に付けた基礎知識は大いに役立つはずです。

　早速学習をスタートさせて簿記とはどんなものなのか、その内容を理解してほしいと思います。

著者

# 本書の利用方法

## 正しい利用方法

　本書は税理士試験の受験を考えているという簿記知識の全くないという方を対象にした簿記に関する入門書であると同時に受験参考書です。

　簿記の入門書は本書以外にも数多くあります。それらは経理のノウハウ本や日商簿記検定を前提にしている書籍です。

　しかし本書は、最終目的を税理士試験の受験を前提にしているという点でこれらの入門書とはその内容が大きく異なります。ただ大きくその内容が異なると言っても簿記そのものについてその基本を説明していることは他の入門書と変わる所はありません。これは簿記のことをわかりやすく紹介しているのはもちろんですが、将来本格的な受験勉強を開始したときに役立つエッセンスや基本原理のようなものをできるだけたくさん説明しているということです。

初心者　→　本書での学習
簿記の基本原理、受験ノウハウ

　もちろんこの1冊を学習しただけで税理士試験が受験できるわけではありません。まだまだこの先には受験のための本格的な学習をしなければなりません。ただ本書で身に付けた知識はこの先の税理士試験における簿記論や財務諸表論でも大いに役立つはずです。

　その意味では入門書かもしれませんが受験参考書だと考えて利用してほしいと思います。

## 税理士試験用参考書

　簿記の学習を開始する際に、国家試験である税理士試験を目標にしているのか、あるいは日本商工会議所の簿記検定試験の3級や2級の受験を目指しているのかでも、その勉強する内容に大差はありません。これは入門段階では簿記の基礎知識や基本ルール等を学ぶだけですから、どのような方法で学習してもその内容は同じだということです。

　ただ、やはり目標とするものが異なる試験であっても、各々の試験に対応するような学習をする必要もあります。皆さんの中には日本商工会議所の3級や2級の受験を税理士試験の学習過程の中で考えている方もいるかと思います。しかし、このような場合は少々の回り道をしなければなりません。

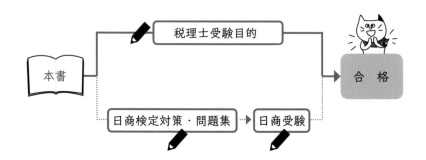

　特に日本商工会議所の簿記検定2級の受験ということになると、その出題範囲の中に税理士試験ではまったく必要ない原価計算に関する学習をしなければならないために、時間的な事を考えれば税理士試験の本格的な受験勉強が2〜6ヵ月程度遅れてしまうと考えてください。

　もしどうしても簿記検定を受験したいというのであれば、本書より日本商工会議所簿記検定用の参考書による学習をお勧めします。

# 簿記の正しい学習方法

## 学習スタート

　これまで学生時代を含めて自分でやってきた勉強や学習のことを思い出してください。

　その多くは学校で先生から教科書や黒板を使いながらその説明を受けて、練習問題を解き、一部を宿題等としながらその知識を身に付けたと思います。この学習過程の中では学校の授業や宿題という強制力が知識を身に付けるための大きな要因になっていました。

　今回、本書を使用して行う独学による簿記の学習は、このような強制力はまったくありません。つまりフリーに勉強ができるということです。しかしこれは逆に、自分で簿記の勉強を簡単に諦めてしまうおそれがあるということです。

　この勉強を諦めないためにはまず、学習を継続させるという皆さん自身の強い意志が必要です。また方法論かもしれませんが、学習を継続させることができるような時間や場所等をきちんと準備しておく必要もあるでしょう。

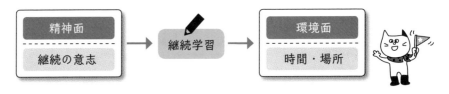

　ただこれから実際に簿記の学習をスタートさせたとしても、本書で説明されている内容は決して難しいものではありません。簿記そのものは簡単なことを勉強することであり、本書ではこれを更にやさしく単純に解説していますから、どんどんその学習を進めることが可能です。

　決して複雑なことを考えたり妙な疑問を持ったりしないで各ページの説明を理解してください。

## 正しい学習方法

　本書は簿記のための入門書ですが、その内容は税理士試験のための受験参考書です。したがって他の簿記入門書のように、ただ内容を読めばいいというわけではありません。各項目が正しく理解でき、練習問題の正解を導き出す力も必要です。

　そのためには本書内のexampleやチャレンジ問題は必ず自分でメモ用紙等を用いて電卓等を入れながら正解を求めてください。しかもこの練習問題は1回だけでなく3〜4回と繰り返し解いてください。

　これは本書の各セクションを読みながら各項目の内容を理解し、理解できたと思ったら練習問題を自分の手で解いてみて、さらに後日、できなかった問題はもちろん理解できた問題も解き直してみるということです。

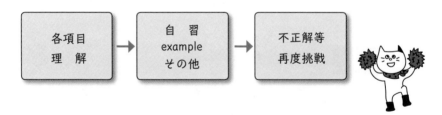

　チャレンジ問題にはクリアーレベルが得点別に示されていますからこのレベルが完全にクリアーできるまでは練習問題を繰り返し解いてください。

　まだまだ先の学習があるからと焦って先に進んでも、結局は本書での基本的知識等が完全に理解できていなければ、本当に難しい問題を解く時期になったときに、その実力不足を痛感することになります。したがって全項目を完全にマスターするつもりで学習を進めてください。

# 総 目 次

| 第1章 | 簿記ってなに? | 013 |

| 第2章 | 記録の方法 | 059 |

| 第3章 | 仕訳と勘定科目 | 103 |

## 第4章　決算の手続　　185

## 第5章　帳簿の締切　　243

# 本書の学習時間の目安

| 章 | 目次タイトル | 学習のめあて |
|---|---|---|
| 第1章 | 簿記ってなに？<br>（6時間程度） | section1からsection6までをひとつひとつ区分けして読み、その中に使われている簿記の用語がどのようなことを意味しているのかを理解しましょう。B/S,P/Lは自分で書けるようになることが最終テーマです。 |
| 第2章 | 記録の方法<br>（8時間程度） | section2の仕訳は本書中というより簿記でいちばん大事な内容です。とにかく自分の手でexampleの仕訳を何度もやりましょう。section3の転記やsection4の試算表は何をしてどのように作るのかをマスターしておくだけでよいでしょう。 |
| 第3章 | 仕訳と勘定科目<br>（20時間程度） | section4以降の仕訳に使われる勘定科目を徹底的に暗記しましょう。このためにはexampleとチャレンジ問題を暗記するぐらい仕訳することが必要です。算数の「九九」と同じでこの仕訳が速く正しくできなければ、簿記の学習はスムーズに進まないと考え、この仕訳がわからないとか厭だという時はリタイヤ確定です。 |
| 第4章 | 決算の手続<br>（10時間程度） | 決算整理仕訳ができるようになることがこの章の重要課題です。ここも第3章と同じようにexampleの仕訳を何度も繰り返して復習しましょう。 |
| 第5章 | 帳簿の締切<br>（10時間程度） | 特にsection2の精算表という一覧表ができるようにすることが最大のテーマです。section1とsection3は参考程度に目を通しておくだけでよいでしょう。 |

# 本書で学習する勘定科目

## 貸借対照表項目

### 資産勘定

1. 現　　　　　金
2. 当 座 預 金
3. 受 取 手 形
4. 売 　掛 　金
5. 売買目的有価証券
6. 繰 越 商 品
7. 貸 　付 　金
8. 手 形 貸 付 金
9. 未 　収 　金
10. 立 　替 　金
11. 前 　払 　金
12. 仮 　払 　金
13. 消 　耗 　品
14. 前 払 費 用
15. 未 収 収 益
16. 建　　　　　物
17. 備　　　　　品
18. 車 両 運 搬 具
19. 土　　　　　地

### 負債勘定

1. 支 払 手 形
2. 買 　掛 　金
3. 未 　払 　金
4. 前 　受 　金
5. 預 　り 　金
6. 仮 　受 　金
7. 借 　入 　金
8. 当 座 借 越
9. 未 払 費 用
10. 前 受 収 益

### 純資産勘定

1. 資 　本 　金

## 損益計算書項目

### 費用勘定

1. 仕 　　　入
2. 売 上 原 価
3. 給 　　　料
4. 水 道 光 熱 費
5. 法 定 福 利 費
6. 福 利 厚 生 費
7. 旅 費 交 通 費
8. 通 　信 　費
9. 広 告 宣 伝 費
10. 消 耗 品 費
11. 修 　繕 　費
12. 租 税 公 課
13. 賃 　借 　料
14. 支 払 地 代
15. 支 払 家 賃
16. 保 　険 　料
17. 支 払 手 数 料
18. 発 　送 　費
19. 交 　際 　費
20. 貸 倒 損 失
21. 貸倒引当金繰入
22. 減 価 償 却 費
23. 雑 　　　費
24. 支 払 利 息
25. 手 形 売 却 損
26. 有価証券評価損
27. 雑 　　　損
28. 有価証券売却損
29. 固定資産売却損

### 収益勘定

1. 売 　　　上
2. 受 取 利 息
3. 受 取 配 当 金
4. 受 取 手 数 料
5. 有価証券売却益
6. 受 取 地 代
7. 受 取 家 賃
8. 雑 　　　益
9. 有価証券評価益
10. 固定資産売却益

## 特殊な勘定科目 ［ふだん使わない特殊な勘定科目］

### 評価勘定

1. 貸倒引当金
2. 減価償却累計額

### 集合勘定

1. 損 　　益
2. 残 　　高

### 中間勘定

1. 現金過不足

# 本書での学習に準備するツール

　本書は学習参考書ですから、下記の準備をしてから、勉強を開始してください。

## 本書を落ち着いて読み、学習する場所と時間

　自分の部屋等があれば机の上を整理してください。ここが本格的な学習場所になり、これから長い時間、ここで集中して学習することになります。

　また、学習する時間は、深夜ではなく比較的早い時間にするように心掛けてください。深夜学習は人間の脳が1日の中で一番疲れているので、効率の良い学習時間ではありません。

　最初は長い時間、机に向かっていられませんが、少しずつ慣れて長時間集中して学習できるようになります。

## マイ電卓

　簿記の学習には電卓が必須アイテムです。できれば自分専用の電卓、しかも新品を用意してください。値段は3,000円～5,000円程度の物で十分です。購入時には必ず自分で電卓のキーを操作して感触の良い物を選んでください。

## 筆記用具

　税理士試験では、鉛筆は使用できません。ですから学習の初段階から黒のボールペン等で文字を書く習慣をつけてください。ボールペンを選ぶことも大事です。

　ちなみに試験では修正液や修正テープを使用することもできます。

# Chapter

~ 第 1 章 ~

# 簿記ってなに？

## この章でマスターしてほしいこと

　まず簿記というものが、どんなもので何かということをゆっくり読んで理解してください。

　この章では左側と右側に何が計上されるかが最重要です。これを完全にマスターしたら第2章に進んでください。

第1章 簿記ってなに？

# 初めての簿記

お金のことや会社
が何をやっている
かを理解しよう。

## 1 簿記ってなんだろう？

　これから勉強することになる簿記というものは、どんなものなのでしょう。

　まず勉強を開始する前に、この簿記というものがどんなものなのかを知っておく必要があります。

　簿記が何なのか、何のためにあるのか、そして皆さんは何のためにこの簿記を勉強しなければならないのかを説明したいと思います。

　簿記はひと言で表すとすれば、お金のことを記録することです。たとえば皆さんやお母さんが小遣帳や家計簿のようなものを付けていても、これは簿記ということになります。

簿記とは何か？ ・・・・・・・・・▶ お金のことを記録すること!!

　お金を持っているのは私達ばかりではありません。

　会社もお金を持っているし、これを使っています。

　このお金のことをあらためて記録することになれば、これは簿記による記録をしたことになります。

　またお金が大事ということは誰にとっても間違いありません。そこでお金がどのくらいあるのか、お金がどうやって増えたり減ったりしたのかということを記録しておくということは、もっと大事なことではないでしょうか。

次に入って
くるのはいつ？

何に使ったのか？

いまいくら
あるの？

# **2** お金の記録は何のため

たとえば皆さんが1ヵ月間の小遣帳を自主的に付けたとします。その理由はどんなことが考えられるでしょう。

🖊 **小遣帳を付ける理由**

① お金を何に使ったのか使い道をはっきりさせ、無駄遣いを減らす

② 1ヵ月間に入ってくるお金と使うお金のバランスを調整する

③ 欲しい物があるので、お金をできるだけ残し貯金する

④ その他お金の管理のため

お金はあっても、何となく使ってしまうと、後からでは何に使ったのかはっきりわかりません。

そこでお金の使い道を記録しておけば、その月(週)に使ったお金が何のために出ていったのか、また無駄遣いはないかどうか、そしてお金の残高が明らかになります。

皆さんやお母さんが小遣帳や家計簿を記入するのは、まさにこの理由のためです。お金をできるだけ残すために、また無駄遣いがあった時はこの家計簿等の記録によりその支出を管理することが、とても大事なことだということです。

# 3 会社のお金のこと

もう少しお金の話をしましょう。

お金の話も私達個人の話ではなく、会社のお金ということになったら、今度はどんなことを考えますか？

まず会社のお金ですから、私達や家の財産とはその桁数が違います。その残高は何千万、何億円、何十億円ということになり、しかもそのお金は会社のお金であり個人の財産ではありません。

会社は私達と違って商売をしていますから、商品を売買したりするお金もすごく多いのは当然です。

しかも商売をしていれば私達が月1回だけバイト代をもらうのと違い毎日お金が入ってくるし、毎日いろいろなもののために支払いもしなければなりません。

つまり、私達のお金と違い会社のお金はその金額が大きいというだけでなく、入ってきたり出ていく収支の回数も多いということです。

もちろん会社でもこのお金の出入りを記録します。これは私達の小遣帳を記録するのと同じ理由です。

当然のことですが会社のお金が足りなくなれば、私達個人が破産してしまうのと同じように会社も倒産してしまうことになります。

# 4 会社のお金の出入

　会社でのお金の残高やその出入のことを少し考えてみましょう。なぜならこのことを考えることが簿記とは何だろうという結論になるからです。

　会社のお金というのは私達のお金と違って「誰のものなのか?」と聞かれても「○○さんのものです」と明確に答えることはできません。

　会社が大きくなればなるほどその答えは難しくなります。そうなると会社にあるこの何億円、何十億円というお金はいったい誰のものか、また誰が管理しているのかということが重大な意味を持つことになります。

　そこでこの誰のものなのかはっきりしない会社のお金を誰でも判るようにその残高や使い道等を記録をすることは重要です。

　つまり会社のお金のことを記録するのが簿記ということなのです。

> 会社のお金を記録すること　…………▶　簿記を意味する

　私達個人のお金はいくら持っていようが何にいくら使おうが私達の勝手だし記録をしておく必要もありません。しかし会社のお金はいくらあるのか、また何に使ったのかということを明確に記録しておかなければならないということです。

# **5** 会社とは何をやっているのか

　会社というのは町のあちこちにあります。皆さんのご両親も会社に勤めに行って給料を貰って、そのお金で皆さん家族を養っていたことかと思います。

　すでに簿記というのは会社のお金のことを記録することだということは説明しました。そこで今度は会社そのもののことを少し考えてみたいと思います。

　さて皆さんは会社というとどのようなことをイメージしますか。

　さしあたって皆さんのご両親やご兄弟が勤めている会社のことを考えてください。

　どうでしょう。何かを作って売っている、外国から仕入れたものを販売している、ビル等大きな物を扱っている、物や人を運んでいる、コンピュータのプログラム等の仕事をしている等々、その仕事の種類はさまざまです。

　会社はいろいろなことをしていますが、その会社がしている仕事の目的は何でしょう。

　これは簿記を勉強する時にも、そして現在の日本の経済の仕組みを考える上でとても大事なことです。

# **6** 会社は儲けるのが仕事

　会社がいろいろな仕事を一生懸命やっているのには大事な理由があります。

　会社が存在する理由、会社が必死に仕事をしている理由は儲けることがその目的です。

> 会社の使命 ……………▶ 儲けること

　この「儲け」というのは言葉だけはこれまでにも耳にしたことがあるはずです。ちなみに現在の社会は資本主義と呼ばれる経済構造の上に成り立っています。

　少々難しいお話ですが、この資本主義とは商売を誰にでも自由にさせて儲けを出すことにより、社会の中にお金をたくさん循環させて世の中を成り立たせるという経済構造のことです。

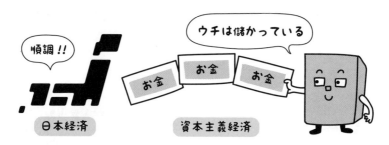

　テレビ等で不況という言葉を耳にしたことがないでしょうか。これは会社が儲かっていないので社会全体にお金があまりなく、それが経済全体に悪い影響を及ぼしているという現象を示しています。

　会社が儲かればお仕事をされているご家族の皆さんの給料も上がり、アルバイトの時給もどんどん上がり、いろいろな物を買うことができます。これによりお金が社会の中でどんどん循環し景気は良くなります。つまり会社の儲けは社会の大事なエネルギーになるということです。

　いずれにしても会社は儲けることが使命だということがこのページの結論と考えてください。

# 7 儲けの考え方

先生は生徒にものを教えること、医者は患者の病気を治療することが仕事です。同じように考えれば会社は儲けることがその仕事ということになります。

会社の仕事の目的 ……………▶ 儲けること!!

この儲けという意味を少し考えてみましょう。

どうでしょう。皆さんがたとえば儲かったと思うのはどのようなときでしょう。今月はボーナスが入ったといってお父さんからお小遣いを少し多く貰った。アルバイトを20〜30分延長してやったら1時間分のバイト代をくれた。親類からお年玉をもらった。また友人にノートを貸したらランチをごちそうしてくれたなどいろいろ「儲かった」と感じる場面はあるはずです。

皆さんの中には、こんなことをやって儲かったという経験はありませんか。

買った時より高く売れて儲かった。これが本当の儲かったという状態です。やはり物の売りと買い、売買の関係で考えると儲けという考えは分かり易いのではないでしょうか。

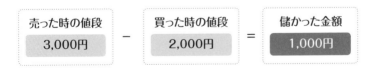

| 売った時の値段 | | 買った時の値段 | | 儲かった金額 |
|---|---|---|---|---|
| 3,000円 | − | 2,000円 | = | 1,000円 |

# 8 儲けを記録する

　皆さんがもし儲けたいと考えるならば、自分の持っている洋服やマンガを買った時より高く売れば儲かったことになります。

　会社も同じです。

　売るために物を作り、あるいは外部から購入してこれをどんどん販売すれば会社は儲かることになります。

　ただ会社ではより多くの物を売るためにテレビコマーシャルをやったり、物を売る専門の従業員を雇ったり、売るためのお店等も用意しなければならないので余計な経費が掛かります。

　となると、儲けは物の売った値段と買った値段の差額からさらに経費をマイナスして計算しなければなりません。

example

たとえば自動車を売っている会社をイメージしてください。

| 自動車の販売 | | 自動車の製造原価 | | CM代ほか | | 儲け |
|---|---|---|---|---|---|---|
| 100万円 | － | 60万円 | － | 10万円 | ＝ | 30万円 |

　これは皆さんが洋服やマンガを売ったことと同じ考え方をしていますが、少し違うのはテレビコマーシャル等の経費もマイナスされている点です。

　会社ではこの物を売って儲かった金額というものもきちんと把握しておかなければなりません。さらにその儲けをきちんと記録しておく必要があります。

会社の儲け ・・・・・・・・▶ 記録しておく

　また会社のお金は経費の支払いや借金の返済などいろいろな目的のために使うので、その残高を把握しておく必要もあります。

# 9 お金の記録と儲けの関係

　会社ではいろいろな理由によりお金が増えたり減ったりします。これは会社が商売である品物を売ったり買ったりすることやいろいろな支払い等をするからです。

　この会社に入ってくるお金と出ていくお金を整理しながら、儲けの金額も考えなければなりません。

　たとえば皆さんが古いゲームソフトを売って少し儲けて、そのお金を何に使うのかをイメージしてください。そのお金でまた新しいゲームソフトを買うのか、それとも臨時収入のお小遣いとして使ってしまうのかという、入っていくお金と出ていくお金の関係です。

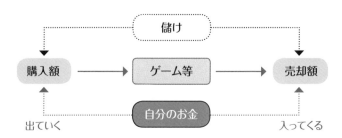

　会社でもこのようなことを入ってきたお金、出ていったお金、また儲かったお金等として全体で把握しながら、すべて記録する必要があります。

　そしてこのあたりに、会社における簿記というものがどのような意味を持っているかというヒントのようなものがあるのです。

# 10 簿記と会社の関係

さて、そろそろこのセクション「初めての簿記」をまとめることにします。

簿記というのは会社のお金のことを記録するということが主な目的です。

簿記の目的 ──────▶ 会社のお金を記録すること

会社がお金のことを記録することにより、お金を何に使ったのか、またお金がどのくらい残っているかがわかります。

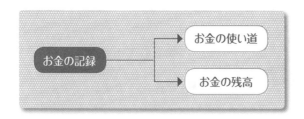

さらに会社とは儲けることを最大の使命にしています。会社はこの儲けがどのくらい出ているのかも知っておく必要があります。この儲けを記録するというのも簿記の目的ということになります。

会社の儲け ⋯⋯⋯⋯▶ 記録しておく

これはたとえば皆さんの大好きなRPG（ロールプレイングゲーム）ならお金の記録がエネルギー残量を示し、儲けが戦いによって獲得したポイントということです。

このお金の記録と儲けを知ることが簿記の目的だと考えておいてください。

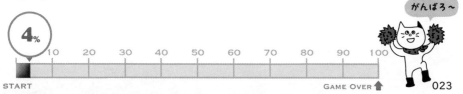

がんばろ〜

4%

10 20 30 40 50 60 70 80 90 100

START GAME OVER

# 簿記の目的

会社はお金を何に使うのかを考えてみよう。

## 1 お金の使い道

　簿記は会社に入ってくるお金と出ていくお金のこと、また会社が儲けたお金のことを記録することが、その目的だということを前セクションで説明しました。

　ここではこれをもう少し具体的に説明したいと思います。

　会社に入ってくるお金は商品を売ってお客さんから貰った代金がその中心です。またお金が足りなくて銀行から借りたようなお金の入金もあるかもしれません。

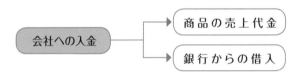

　逆に会社はいろいろなことのためにたくさんのお金を支払っています。

　給料等の支払いや販売用の商品を購入するための支払いもあるし、営業用のトラックやパソコン等を購入してその支払いをすることもあるでしょう。また借金返済のための支払いもしなければなりません。

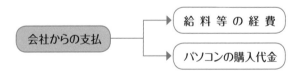

　このように会社は自らのお金でパソコン等を買って持っていたり、またお金を銀行から借りて借金をしているという状態になっています。

　そうすると、お金だけでなくパソコン等の財産を持っていることや銀行からの借金のことも会社は知っておく必要があります。

# **2** 会社にはいろいろな財産がある

　会社にある財産は、現金ばかりというわけではありません。現金を支払って買った自動車やパソコン、またあまり有り難くありませんが銀行からの借金等もマイナスの財産だと考えることが出来ます。

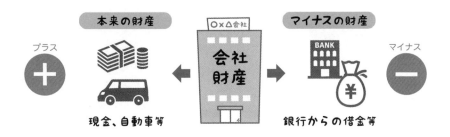

　そう考えると、会社はプラスの財産とマイナスの財産をバランスよく保有して成り立っているということになります。

　たとえば皆さんの住んでいるマンションや一戸建ての住宅ローンを毎月お父さんが支払っているというのであれば、マンションはプラスの財産、住宅ローンはマイナスの財産ということになり、ローンの支払いが順調にできていればお金の収入と支出のバランスが保たれているということです。

　会社も持っているプラスとマイナスの財産があることを常に知っておく必要があります。これによりお金の使い方に注意したり、次に何を買うかなどを考えることができるからです。

# 3 儲けの計算

　会社ではプラス、マイナスの財産状況の把握と同時に、どのくらい儲かっているのかということも知っておく必要があります。

　これは儲けには税金がかかるので、その金額も知っておく必要があるからです。

　税理士という仕事の一番重要な業務がこの会社の儲けに係る税金の計算をすることです。そしてこの儲けはこれから勉強する簿記により計算することになります。

　つまり税理士の受験勉強をするために一番最初にやらなければならないのが、この簿記の学習による儲けの計算ということなのです。

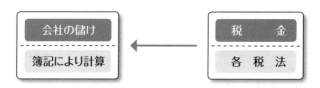

　それでは会社の儲けはどのようにして計算したらいいのでしょうか。

　会社の儲けは商品を売ってお客さんから貰ったお金から、その商品の購入代金や給料、広告宣伝等の経費と呼ばれるものをマイナスすれば計算することができます。

# **4** 2つのことを明らかにする

　このセクションの最後に会社における簿記はこのようなものだということを、そろそろ結論づけておきたいと思います。

　簿記は会社に入ってきたお金と出ていったお金、それにより買った財産や借りたお金の残高を明らかにします。

　これを簿記では会社のプラスとマイナスの財産のこと、正式には財政状態を明確にすると考えます。

　また、もうひとつの簿記の目的は会社の儲けを計算することです。

　この会社の儲けは商売の結果なので、表現はちょっと難しいのですが経営成績の把握と考えます。

　つまり簿記は会社の財政状態と儲けの結果である経営成績を把握することがその目的ということになります。

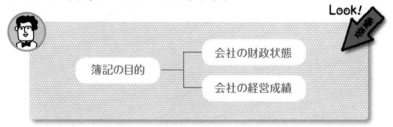

Look!

**※財政状態**

　お金や土地等のプラス財産だけなら財産状態です。しかし会社には借金というマイナス財産もあるので、これらをまとめてこれ以降は財政状態と表現します。

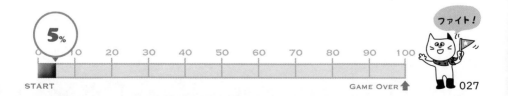

5%

START

GAME OVER

ファイト!

# 会計期間

1年間を区切って
記録をするという
ことが基本

## 1 年間での計算

　簿記の目的とする会社の財政状態や儲けによる経営成績はやみくもに計算したりするわけではありません。

　どうでしょう。皆さんも自分のお金の収入と支出のことを考えるときに、お小遣いならば今月のお小遣いの日から次のお小遣いの日までの1ヵ月、あるいはアルバイト代がもらえるなら給料日から次の給料日までの間で、いくらお金が入ってきて何に使うかを考えると思います。

　会社も同じように一定の期間を基準にしてこの財産の把握や儲けの計算をします。

　簿記ではこれを通常1年間、多くの会社が4月1日から3月31日という期間に行います。この場合、1年間の期間を会計期間、4月1日を期間の始めとして期首、3月31日を期間の末日として期末と呼びます。

　これらの会計期間や期首、期末は簿記で使用される特別な用語であり専門用語と呼ばれます。

　また会計期間の末日である期末は、特別な手続きをするという意味も含めて決算日と呼ぶこともあり、これも簿記の専門用語です。

# 2 会計期間

会計期間は1年ですが、図にして考えると次のようになります。

簿記の目的である財政状態と儲けの計算を上記の会計期間と関係させて考えてみます。

会社の財政状態は、会計期間の途中で何度も把握するのは面倒です。これはいろいろなものの集計や差引計算を何度もしなければならないからです。

そこで会社の財政状態は期末の3月31日を基準の日として年1回だけ行います。

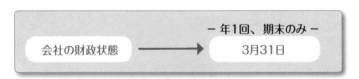

これに対して会社の儲けは特定の日、1日を基準にするのではなく会計期間の1年間を基準にして計算します。

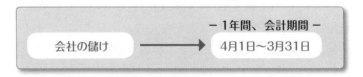

これはRPGの例でいえば、今残っているエネルギーパワーがどのくらい(財政状態)で、今日のゲームで獲得した得点(儲け)がゲーム画面に表示されるのと同じことです。つまり期末にどのくらいお金があるのか、会計期間でどれだけお金を儲けたかということです。

# 3 簿記と会計期間の関係

　簿記の目的である会社の財政状態や会社の儲けの計算を会計期間と関係させると次のようになります。

　この関係を次のようにしてまとめてみます。一方は特定の時点を示し、一方は一定の期間を基準にしています。

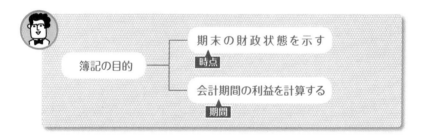

　まずはここまでのまとめということになりますが、これが簿記の目的だということです。これを何度も頭の中で繰り返して暗記してください。
　簿記も暗記しなければならないことがたくさんあります。これらをひとつずつ暗記しなければ簿記のことを本当に理解することはできません。
　簿記での独特の専門用語もたくさん出てきて最初は少しとまどうかもしれませんが少しずつ慣れてくるはずです。

# 4 会計期間の決め方

　実は会計期間は法律等によって決められているわけではありません。

　私達は小学生のときから1学年は4月1日に始まり翌年の3月31日までとされていましたが、これは法律等によって定められているからです。

　しかし会社は会計期間を自由に決めることができます。ただしスタートである期首とゴールである期末は1年以内とされています。

　現在、日本にある会社の多くはその会計期間が4月1日から3月31日までというのが一般的です。これは会社間での取引の事情や会社の業績(儲け等)を比較するときに同じ期間にしておくと便利だからです。

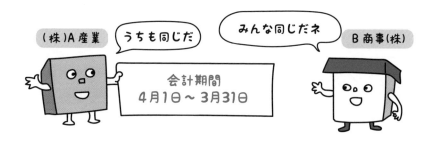

　もちろん、これ以外の会計期間であっても構いません。また一度決めた会計期間を所定の手続きをしてから変更することができます。

　ちなみにですが税理士が株式会社の設立の手伝いをすることがあります。このときに3月31日を決算日とすると他の会社も含め一時期に決算の仕事が集中してしまいます。そこで他の月を決算日とさせてもらい3月31日の3月決算ではなく、4月30日の4月決算とか5月31日の5月決算とすることもしばしばあります。

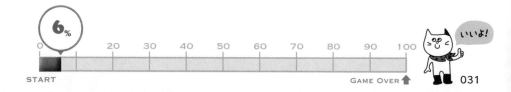

# 財産の状態

財産があればある
ほど会社は金持ち
これを示すのが B/S

## 1 会社の財産

皆さんにはどんな財産があるか考えてみてください。

だいたいマンガやゲーム、洋服、自分で買った専用パソコンというような物があるかもしれません。またお年玉やバイト代を自分名義できちんと貯金していればこれも財産です。

また事情があって大学の学費を奨学金(しょうがくきん)として借りていたり、たいした金額ではありませんが友達からお金を借りているようなことがあるかもしれません。

ただ、奨学金や友人からの借金は財産ではなく借金(しゃっきん)です。どうしても財産と考えるならマイナスの財産と考えればいいでしょう。

さて会社も同じようにいろいろな財産をたくさん持っているはずです。

会社の規模が大きくなれば日本国内だけではなく外国にある支店や工場にも多くの財産があります。

そして各会社には土地や建物だけでなく銀行等からの借金もあります。

会社の財産というときには現金や土地のようなプラス財産だけではなく、銀行からの借金であるマイナス財産のすべてを示すことになります。

# 2 元手のお金

　会社には皆さんと違ってもうひとつ大事なものがあります。

　それは資本金といって商売を始めるときに用意した元手になるお金の
ことです。

　たとえば自分でゲームソフトの開発会社を作ろうとします。どんなこ
とをすれば会社はできるでしょうか。

　まず、どこかの部屋を借りて会社を始めることになります。次にゲー
ムソフトを作るためにコンピュータを購入しなければなりません。さら
に自分1人で仕事をするというわけにいきませんからスタッフやバイト
を雇います。また事務所には水道代や電気代が掛かります。

　会社を始めるためにはかなりの資金が必要で、お金を用意しなければ
ならないことは容易に想像できます。

　この会社を始めるときの元手のお金のことを資本金と呼びます。

　資本金はたくさん集めれば集めるほど大きな規模で会社をスタートさ
せることができます。

　資本金は会社を作ろうと考えた本人、たとえばゲームソフトの会社を
作ろうと考えた本人自身がある程度用意します。

　さらに会社の事業に賛同してくれる人達からお金を集めますが、この
人達のことを株主と呼びます。

　この会社に資本金を提供する株主(出資者)という人達の名称は覚えて
おきましょう。

# **3** 資本金の提供

　皆さんの通っていたり、卒業した大学の規模やランクはどのように考えることができますか。

　知名度、偏差値、学生数等いろいろな基準で考えることができるはずです。

　会社も同じようにランク付けをすることができます。このときにひとつの基準になるのがこの**資本金の金額**です。もうひとつ大事な基準になるのが会社の**年間の売上金額**です。

　現在日本のトップの企業は愛知県豊田市にある"T"自動車でしょう。資本金も売上も日本国内だけでなく世界的な一流企業です。

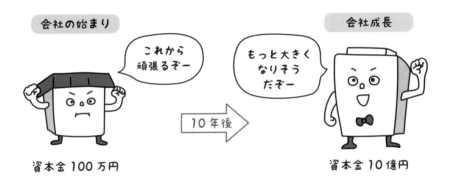

　ここでひとつ大事なことを考えてみましょう。

　会社がより多くの資本金を集められるということは、それだけたくさんの現金が手に入るということです。

　たくさんの現金が手に入るということは事務所もビルの一室ではなく大きな物件を借りることができます。また従業員も1〜2人ではなく何十人も雇うことができます。

　つまり大きな規模で商売がスタートできるということは、イコール将来発展する可能性のある会社だということになるのです。

# 4 会社の資金

　会社は資本金として集めたお金で事務所を借りたり、パソコン等の財産を購入します。

　もしこの資本金として集めたお金が足りなくなってしまったらどうしたら良いでしょうか。

　これは追加して資本金を集めるか、あるいは誰かから借りる事になります。このお金を貸してくれそうなのが銀行です。

　この銀行から借りたお金のことを正式には借入金と呼びます。

借　入　金　◀⋯⋯⋯⋯⋯⋯　銀行からの借金

　さて銀行から借金をしても会社はその分だけお金が増えることになります。資本金でもお金が入って来ました。となると借入金も資本金も会社にとってはお金が増える要因になるということです。

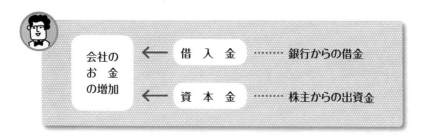

会社の
お　金
の増加

← 借　入　金 ⋯⋯⋯ 銀行からの借金

← 資　本　金 ⋯⋯⋯ 株主からの出資金

　会社はこのお金を自由に使って財産を買ったり商売のために使うことができます。

商売用建物　←　お　金　←　資本金等

　ただ株主が提供してくれたお金は株主に返す必要はありませんが、銀行からの借入は必ず返さなければなりません。

# 5 会社のサイフを覗いてみよう

さてここで会社のサイフの中身を整理しておきましょう。

会社は資本金としてお金を集め商売用の建物等の財産を買います。さらにお金が足りなければ、銀行から借りて必要なものを買うことになります。

すると会社は株主から集めた資本金と建物等の財産、さらに銀行からの借金という3つの要素から構成されていることになります。

**1 資本金**    **2 建物等**    **3 借入金**

この3つのうち建物等を簿記では正式に資産と呼びます。この資産には建物等の財産はもちろん、まだ使っていない現金や、現金を預けている銀行預金等も含まれます。

**資産** (会社の財産) ……………▶ 現金、パソコン、土地等

---

## 🍎 example

突然ですがここで、次の3枚のカードにプラス、マイナスをして、イコールにして下さい。

**資本金：70**    **資産：100**    **借入金：30**

資本金70と借入金30をプラスすると資産の100になります。

**資本金：70** + **借入金：30** = **資産：100**

この後の事情があるので算式の順番を少し変えてみます。下記の算式は上と同じ関係を示しています。

**資産：100** = **借入金：30** + **資本金：70**

---

そろそろ上記を踏まえて簿記の本格的なお話を始めたいと思います。

# 6 財政状態の表示

これまで簿記の目的のひとつに会社の財政状態を示すということを説明してきました。

加えて、これは会計期間の最後の日である期末という特定の日を基準にして考えると説明してきました。

この財政状態ですが、これは会社の財産だけでなく借入金や資本金等もまとめた意味です。

> 期末の現金等の残高 ··············▶ 期末の財政状態

さらにこの財政状態を示すための簿記独特の一覧表があります。この一覧表はこれからの簿記学習には欠かせないものであり、基本かつ非常に重要なものです。

この一覧表は算数でいえば"九九"、英語で言えばA,B,C,のアルファベットと同じくらい重要な意味があります。

この一覧表の名前は貸借対照表(B/S=Balance Sheet)といい、左側には資産を右側には借入金と資本金を計上して、左側と右側の金額をイコール(バランス)にします。

前ページのexampleの算式をこの貸借対照表として示してみることにします。

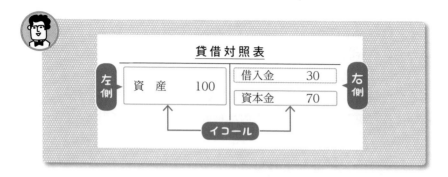

# **7** 貸借対照表

　貸借対照表のことで絶対に暗記しなければならないことをお話しします。

　それはこの貸借対照表の左側と右側には何が計上されているのかということです。これは簿記ではとても重要なことであり、身に付けておかなければ簿記の学習は不可能です。

| 左　　側 | = | 右　　側 |
|---|---|---|
| 資産のみ | | 借入金、資本金 |

　さてこの資産から資本金にはどんなものがあるのかを簡単に考えてみます。

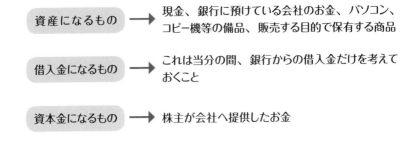

**資産になるもの** ➡ 現金、銀行に預けている会社のお金、パソコン、コピー機等の備品、販売する目的で保有する商品

**借入金になるもの** ➡ これは当分の間、銀行からの借入金だけを考えておくこと

**資本金になるもの** ➡ 株主が会社へ提供したお金

　ここで皆さんが必ず疑問に思うことを説明しておきます。

　それはお金は資産であり、そのお金がなぜ借入金と資本金に区別されるかという疑問です。

　お金には色は付いていませんから現金そのものは資産と考えます。でもそれが銀行から借りたものなら返す必要があるので右側で借入金、あるいは株主から提供を受けたものなら資本金と区別して考えるということとです。

### 貸借対照表

| 現　　金 ← | 借　入　金 |
|---|---|
| | 資　本　金 |

お金は何の理由で会社に入ってきたかを考えること!!

# 8 貸借対照表の作成

　貸借対照表にはタイトルの名称から2本線の締切線まで、その作成のためにはいろいろなルールがあり、これに従って作成しなければなりません。

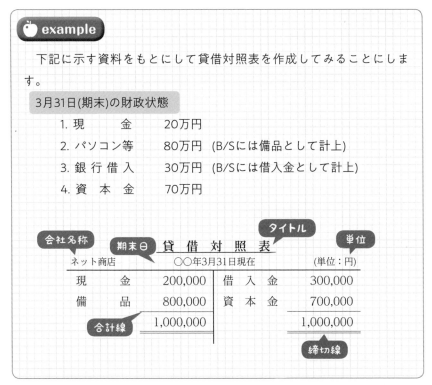

**example**

　下記に示す資料をもとにして貸借対照表を作成してみることにします。

3月31日(期末)の財政状態

1. 現　　金　　　20万円
2. パソコン等　　80万円　(B/Sには備品として計上)
3. 銀 行 借 入　　30万円　(B/Sには借入金として計上)
4. 資 本 金　　　70万円

会社名称　期末日　**貸 借 対 照 表**　タイトル　単位

ネット商店　　○○年3月31日現在　　　　　　(単位：円)

| | | | |
|---|---|---|---|
| 現　　金 | 200,000 | 借 入 金 | 300,000 |
| 備　　品 | 800,000 | 資 本 金 | 700,000 |
| 合計線 1,000,000 | | 1,000,000 | |

締切線

※**数字の計上**

　　金額を示す数字には必ず3桁ごとに・(コンマ)を入れてください。

　　　　　　1000000円　→　1,000,000円

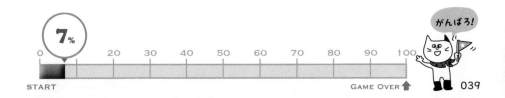

 **チャレンジ問題**

下記に示す資料を参考にして京都鮮魚(株)の貸借対照表を作成してみましょう。

**財産等の状況**

1. 現　　　　　　金　　　　　100,000円
2. 銀　行　預　金　　　　　300,000円
3. 売る目的で仕入れた魚類　　400,000円
4. 事務に使用するパソコン　　200,000円
5. 銀行からの借入　　　　　　400,000円
6. 資本となる元入金　　　　　600,000円

**解答欄**

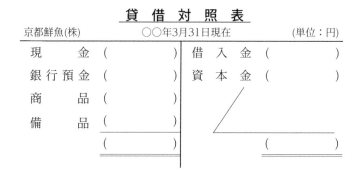

貸 借 対 照 表

京都鮮魚(株)　　　　　　　　○○年3月31日現在　　　　　　（単位：円）

| 現　　　金 | （　　　　） | 借　入　金 | （　　　　） |
|---|---|---|---|
| 銀 行 預 金 | （　　　　） | 資　本　金 | （　　　　） |
| 商　　　品 | （　　　　） | | |
| 備　　　品 | （　　　　） | | |
| （　　　　） | （　　　　） | | （　　　　） |

## 解答

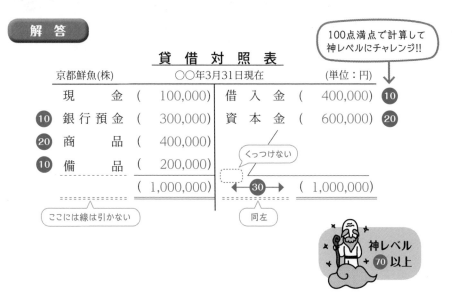

100点満点で計算して
神レベルにチャレンジ!!

貸借対照表

京都鮮魚(株) ○○年3月31日現在 (単位:円)

現　　金（ 100,000） 借　入　金（ 400,000）⑩
⑩ 銀行預金（ 300,000） 資　本　金（ 600,000）⑳
⑳ 商　　品（ 400,000）
⑩ 備　　品（ 200,000）　くっつけない
（ 1,000,000） ←⑳→ （ 1,000,000）

ここには線は引かない　同左

神レベル ⑳以上

## 解説

　貸借対照表には財産のようなもの、そして銀行からの借金や商売を始めるときの元手となっている資本金が計上されます。

　それぞれ左側と右側で何が計上されるのかを暗記しておかなければ第2章以降は理解できないので要注意です。

左　側
財産(資産)

右　側
借金(借入金)
元手(資本金)

　また貸借対照表に計上されている「商品」「備品」「借入金」等は簿記の正式な名称なので、頭に入れておきましょう。

### 指令あり
　もう1回白いメモ用紙等にT(アルファベットのティー)の文字を大きく書いてタイトルや線を引いて、解き直しましょう。簿記ではこの「解き直し」が重要な学習課題!!
　なお神レベルに達しないときは”下僕レベル”なので先に進むのは禁止です。

# 儲けの計算

私達のイメージする
儲けと会社の儲け
はどう違うか

## 1 会社の儲け

　会社ではどのような時に儲かったと考えればいいでしょうか。

　たとえば、前のセクションで説明した株主と呼ばれる資本金を提供して
くれる人達からお金を貰ったときや銀行からお金を借りたときに会社
のお金は増えますが、これは儲かったことになるでしょうか。

　これらは会社のお金としては増えていますが儲かっているわけではあ
りません。

　会社の儲けというのは自分で仕入れた商品を売ってお金を貰ったこと
を示します。

　これは皆さんのゲームソフトや洋服等を買った値段より高く売ったと
きのことをイメージするとわかりやすいと思います。

　※注意しておこう

　　会社がお金を貰ったら、それがすべて儲けということではありません。株主からの
　資本金の提供や銀行からの借入は、お金を貰ったが儲かったというわけではないこと
　に注意しておきましょう。

　会社では商品の売買を考えるとわかりますが、売るための商品を手に
入れるために必ずお金を払って商品を購入します。

　つまり物を売るためには売るべき物を必ず事前に買って用意しておか
なければならないということです。

　また物を売るためには、その準備をする必要もあります。これは売る
ための広告を出したり、売る場所であるお店や従業員の手配です。

商品の売上　←　準備が必要　→　商品の仕入、広告宣伝等

## **2** 儲けの計算方法

商品はだまっていれば売れて儲かるというわけではなく、売るためにはそれなりのお金を支払う必要があります。

> 商品の販売 ← 準備 ← 商品の購入、広告代等

会社の儲けは下記のような差引関係から計算することができます。

$$\text{会社の儲け} = \text{商品の販売} - \left( \text{商品の購入額} + \text{広告等経費} \right)$$

上記の算式を簿記として正式に表現してみることにします。特に（ ）の中の商品の購入額と広告等の経費は費用（ひよう）として一括にします。

$$\text{利 益} = \text{収 益} - \text{費 用}$$

上記の3つの利益（りえき）、収益（しゅうえき）そして費用という用語は簿記学習上の専門用語です。正しい名称を必ずそのまま暗記して下さい。

利益は収益から費用をマイナスした計算の結果です。しかし収益は商品を売って会社はお金を貰った事実、また費用は販売するための商品を買ったり、広告宣伝費用を現金で支払った事実があります。

つまり利益は計算上の結果ですが、収益や費用は実際にお金の出入のあった事実の結果として計算されたものだということです。

# 3 収益になるもの

　会社が貰うお金でも、株主が出資する資本金や銀行からお金を借りたような借金は、儲かったわけではありません。

　会社の儲けの素になる収益の代表的なもので、かつ重要なものは会社が商品を売ってお客さんから貰ったお金です。簿記ではこれを収益と呼びます。

物を売って貰ったお金 ……………▶ 収　益

　会社が貰えるお金で儲けのもとになる収益を紹介します。

　何となくで構わないので儲かっているということをイメージしてください。

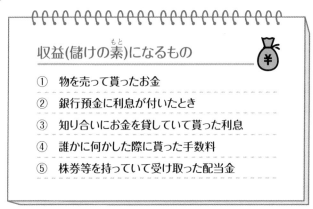

### 収益(儲けの素)になるもの

① 物を売って貰ったお金
② 銀行預金に利息が付いたとき
③ 知り合いにお金を貸していて貰った利息
④ 誰かに何かした際に貰った手数料
⑤ 株券等を持っていて受け取った配当金

　収益はすべて会社が実際にお金を貰っているというのが特徴です。

　繰り返し説明をしていますが、会社に入ってきたお金がすべて収益ではないということだけは注意してください。

収　益 ◀── 会社の収入 ……▶ 負　債

こちらだけ

# **4** 費用になるもの

それでは利益の計算をするときに収益からマイナスされる費用にはどんなものがあるかも考えてみましょう。

### ※経費と費用

経費ではなく費用という用語に注意しましょう。日常、一般的には経費が普通です。しかし簿記では、経費という言葉は使わず必ず費用と表現します。

まず、いちばん大事な費用が売るために準備した品物の購入代金です。

簿記ではこの売るための品物のことを商品という専門用語を使って表現します。また商品を購入することを仕入(しいれ)と呼びます。これらは後であらためて勉強することにします。

売るための商品の購入代金　　………▶　費　用

また商品を販売するためには、商品の購入代金の支払いの他にもいろいろな支払いをしなければなりません。

これらの費用を紹介してみます。

> ### 費用となるもの
>
> ① 販売する品物の購入代金の支払
>
> ② 給料やバイト料の支払
>
> ③ 水道代等の支払
>
> ④ テレビCM等の広告宣伝費の支払

この費用は必ずお金の支払いをしているということに注意する必要があります。

# 5 儲けを考えてみる

会社での儲けを計算するための素になる収益と費用にはどのようなものがあるかということは理解できたでしょうか。

利 益 ＝ 収 益 品物の販売等 ― 費 用 バイト代の支払等

---

🍎 **example**

会社で1年間の商品の売上代金等で貰ったお金が200、また商品の購入やバイト代等で支払ったお金が180だとしたら儲けはいくらになるでしょう。

収益：200 ― 費用：180 ＝ 利益：20

また逆に費用のほうが収益よりも多いことがあるかもしれません。このときには儲けではなく損をしたことになりますから利益ではなく損失が計上されたと考えます。

損 失 ＝ 費 用 ― 収 益

---

残念なことに現在の日本では長引く不景気で損失が計上されている会社がたくさんあります。

この損失のことをテレビ等では赤字（あかじ）という表現をするのが一般的で、この損失の出ている会社のことを赤字企業と呼ぶこともあります。

ただ簿記学習では損失という表現だけを用いて赤字という言葉が出てくることはありません。

損 失 ＝ 赤 字 　簿記では使わない言葉

# 6 経営成績の表示

　会社の儲けは1年間という会計期間を区切って計算します。

　財産の残高を示す貸借対照表は会計期間の末日である特定日を基準にして作成します。一方で会計期間の儲けも計算しなければなりません。しかし儲けの計算は1年間の期間を基準にして計算します。この儲けを計算することを簿記では経営成績の算定（さんてい）をするという少々難しい言い方をします。

$$会社の利益を計算する \longleftarrow 経営成績の算定$$

　簿記ではこの算定結果を示すために特別な一覧表を用意します。この一覧表の名前を損益計算書（そんえきけいさんしょ）(P/L=Profit & Loss Statement)と呼び、左側に費用と利益、右側には収益を計上します。

　この損益計算書も左側と右側に計上するものを必ず暗記してください。

　貸借対照表の左右の計上項目と同様に、これが暗記できていなければ、この先の学習内容の理解はできません。

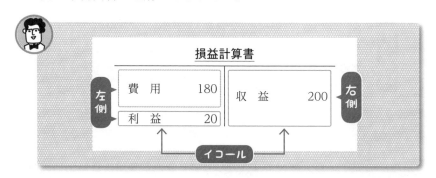

損益計算書

| 左側 | 費　用 | 180 | 収　益 | 200 | 右側 |
|---|---|---|---|---|---|
| | 利　益 | 20 | | | |

イコール

指令あり

　貸借対照表と損益計算書の左右の計上項目がそれぞれ暗記できなければ、この先へ進んでも無駄です!!
　総復習後にまた会いましょう…

# 7 損益計算書の作成

　損益計算書の左側と右側にそれぞれ費用と収益が計上されることはマスターできたでしょうか。

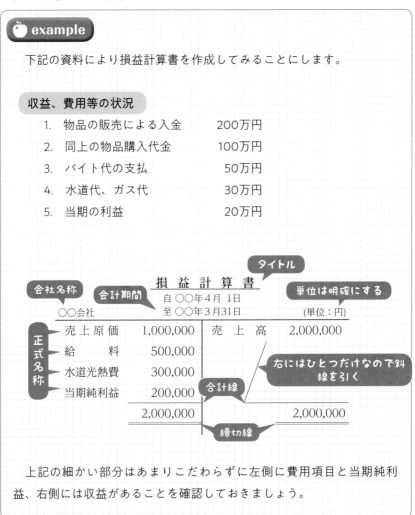

🍎 example

　下記の資料により損益計算書を作成してみることにします。

収益、費用等の状況

| 1. | 物品の販売による入金 | 200万円 |
| --- | --- | --- |
| 2. | 同上の物品購入代金 | 100万円 |
| 3. | バイト代の支払 | 50万円 |
| 4. | 水道代、ガス代 | 30万円 |
| 5. | 当期の利益 | 20万円 |

タイトル

**損 益 計 算 書**

会社名称　会計期間　自 ○○年4月 1日　単位は明確にする
○○会社　　　　　　至 ○○年3月31日　　　　　　（単位：円）

| 正式名称 | 売 上 原 価 | 1,000,000 | 売 上 高 | 2,000,000 |
| --- | --- | --- | --- | --- |
| | 給 料 | 500,000 | | |
| | 水道光熱費 | 300,000 | 右にはひとつだけなので斜線を引く | |
| | 当期純利益 | 200,000 | 合計線 | |
| | | 2,000,000 | | 2,000,000 |

締切線

　上記の細かい部分はあまりこだわらずに左側に費用項目と当期純利益、右側には収益があることを確認しておきましょう。

※金額の表記

　簿記では金額を書くときには円を基本にします。したがって上記の損益計算書のような表記になっています。

資料：100万円 ──→ 損益計算書：1,000,000円

# **8** 財務諸表

　前セクションでは会計期間の末日である決算日の財政状態を示すための貸借対照表を説明しました。

　そして、ここでお話ししているのは会計期間という一定期間の経営成績を示す損益計算書の説明です。

　この貸借対照表と損益計算書は正しい名称を暗記しておかなければなりません。

　簿記の学習を始めたばかりの方は、特に貸借対照表と損益計算書の末尾である「表」と「書」が混合してしまうので注意しましょう。

　簿記ではこの2つの一覧表のことをまとめて財務諸表（ざいむしょひょう）と呼びます。この財務諸表という名称も重要な専門用語です。

　だいぶ前に説明したのですが、簿記というのは会社内のお金の残高や儲けを計算することが目的であるというお話をしました。

　次のセクションで、これらが上記の財務諸表の間でどのような関係を持っているかを結論付けておくことにします。

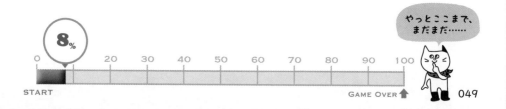

 チャレンジ問題

　下記に示すマンデラ書店株式会社の費用と収益の項目を参考にして、解答欄に示す当期分損益計算書を作成してみましょう。

### 収益と費用の項目

1. マンガ等を販売して客から受け取ったお金　　500,000円
2. 上記のマンガ等を問屋から購入した額　　200,000円
3. 店舗を借りるために支払った家賃　　80,000円
4. 電気代等の水道光熱費　　20,000円
5. アルバイトに支払ったバイト代　　40,000円
6. 当期の儲けの金額　　　?

### 解答欄

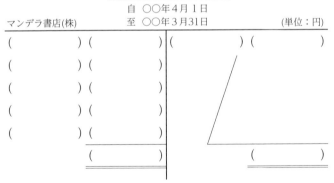

損 益 計 算 書
自 ○○年4月1日
至 ○○年3月31日

マンデラ書店(株)　　　　　　　　　　　　　　　　(単位：円)

**解 答**

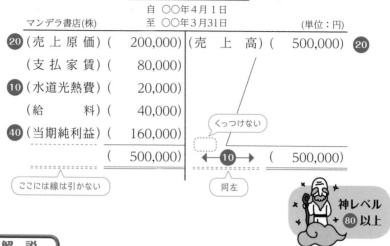

**損 益 計 算 書**

自 ○○年4月1日
至 ○○年3月31日

マンデラ書店(株)                                                    (単位:円)

| ❷⓿ (売上原価)( 200,000) | (売 上 高)( 500,000) ❷⓿ |
| (支払家賃)( 80,000) | |
| ❶⓿ (水道光熱費)( 20,000) | |
| (給 料)( 40,000) | |
| ❹⓿ (当期純利益)( 160,000) | くっつけない |
| ( 500,000) | ◀ ❶⓿ ▶ ( 500,000) |

ここには線は引かない

同左

神レベル ❽⓿ 以上

**解 説**

　損益計算書を作成するときに一番大事なことは、左側と右側に何を計上するのかにより費用と収益を正しく分類することです。

Look!

| 左 側 | 区別 | 右 側 |
| 費 用 | ◀▶ | 収 益 |

　P/Lの作成は、右側の収益を先に合計して500,000円を計算します。

　次に、この500,000円から費用にある200,000円→80,000円→…を順番にマイナスし最後に当期純利益160,000円を計算します。

　また損益計算書を作成するときには費用と収益を正式な名称を使って計上します。この名称もきちんと覚えて正しく書けるようにしておきましょう。

 指令あり

　また、もう1回白いメモ用紙等にTの文字を大きく書いてやり直しましょう。なお神レベルに達しないときは"下僕レベル"なので先には進めません。

# 貸借対照表と損益計算書の関係

ちょっとハイレベル
なので、パワー全開
で理解すること

## 1 2つの財務諸表

　このセクションでは会社が作成する2つの財務諸表の関係を期間的に、また計上されている当期純利益の相互関係として考えてみることにします。

　会社はいつでも商売をしています。簿記ではこれを1年間に区切って会計期間とし、この期間を基準にして経営成績である儲けの計算や期間末日の現金等の残高を財政状態として計算しています。

　これを毎期やっているということは、連続して考えると次のような状態で財務諸表を作っていることになります。

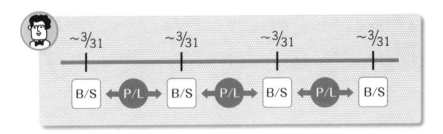

　つまり2つの財務諸表にはB/S→P/L→B/S→P/L…という連続的な関係があるということになります。

　これは前期末日の貸借対照表における財政状態を基礎にしながら当期作成される損益計算書の金額が、当期末の貸借対照表に影響を与えているということです。

　ここではこの影響を及ぼしているものが何なのかを考えてみることにします。

　結論を言ってしまえば、この影響をあたえ合っているものは資本金と利益です。

# 2 資本金と利益の関係

下記のケースを具体例として両者の関係を考えてみます。

🍎 **example**

期首に自己資金(資本金)100、銀行借入50、現金150として商売を開始しました。この時の貸借対照表は下記の通りです。

### 貸借対照表

| 現　　金 | 150 | 借　入　金 | 50 |
|---|---|---|---|
| | | 資　本　金 | 100 |

当期中に下記の取引をしました。

① 販売目的で物品50を買入れ現金を支払う

② 上記物品を80で販売し現金を受け取った

③ 上記の結果現金の残高は180になり、借入金のまだ返済していないので50のままとします。

これにより当期末に財務諸表を作成してみます。

### 損益計算書

| 販売品原価 | 50 | 物品売上収入 | 80 |
|---|---|---|---|
| 当期純利益 | 30 | | |

### 貸借対照表

| 現　　金 | 180 | 借　入　金 | 50 |
|---|---|---|---|
| | | 資　本　金 | 100 |
| | | ？ ？ | 30 |

この金額は
純利益?

当期末にはちょうど当期純利益30の分だけ貸借対照表の右側が増加することになります。

# **3** 期末の資本金

会社が計上する利益は必ず資本金を増加させるというのがこのセクションの結論です。

ただ結論といわれても、その理由は納得できないかもしれません。

しかしこれが簿記における貸借対照表と損益計算書の基本的な関係なのです。

数学や物理に「○○の定理」というのがありますが、同様にこれも2つの財務諸表における定理だと考えて下さい。

財務諸表定理 ： 期首資本金 ＋ 当期純利益 ＝ 期末資本金

当期純利益は損益計算書で計上されます。

この当期純利益は、物品を販売して会社に入ってきたお金とその物品を買うため支払ったお金の差額であり、買ったときより売ったときの金額の方が大きいのが普通ですから現金は残ることになります。

つまり利益が計上されれば、現金という財産もその分だけ増加するということになります。

利益の金額 ＝ 現金の増加

したがって、貸借対照表で現金が増えた分だけ毎期末に当期純利益の金額が計上されることになります。

### 貸借対照表

| 資　　　産 | 借　入　金 |
| --- | --- |
| | 期首資本金 |
| 増　加　分 | 当期純利益 |

# **4** 当期純利益の計算

　会社の当期純利益は損益計算書で計算するものです。これが正式な方法です。

　しかし裏ワザとして当期純利益は貸借対照表でも計算できます。

　ただしこの裏ワザは期末の貸借対照表だけでは求めることはできません。利益は期首(前期末)と期末の貸借対照表に計上されている資本の差額として計算することができます。

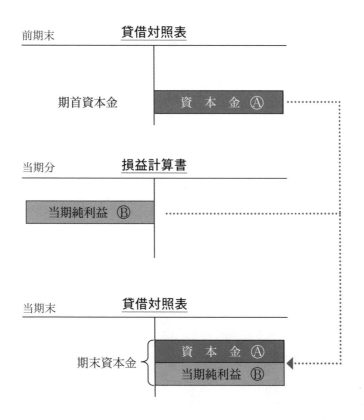

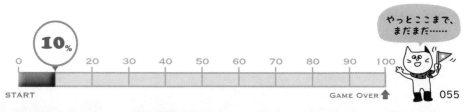

## ☆ チャレンジ問題

　下記に示す貸借対照表の( )の中に入る適切な金額を考えてみましょう。なお期末の負債は期首の金額より1,000円増加しているものとします。

**貸借対照表**

前期末

| 資　　産　　9,000 | 負　　　債　　( ① ) |
| | 資　本　金　　5,000 |

**損益計算書**

当期分

| 費　　用　　( ② ) | 収　　益　　8,000 |
| 当期純利益　　( ③ ) | |

**貸借対照表**

当期末

| 資　　産　　( ④ ) | 負　　　債　　( ⑤ ) |
| | 資　本　金　　7,000 |

## 解答欄

(単位：円)

| ① | | ② | | ③ | | ④ | | ⑤ | |
|---|---|---|---|---|---|---|---|---|---|

## 解答

(単位：円)

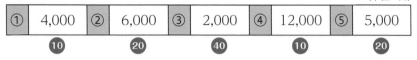

| ① | 4,000 | ② | 6,000 | ③ | 2,000 | ④ | 12,000 | ⑤ | 5,000 |
|---|-------|---|-------|---|-------|---|--------|---|-------|
| ❿ | | ⓴ | | ㊵ | | ❿ | | ⓴ | |

神レベル
⑳ 以上

## 解説

　パズルのような問題ですから分かる所から金額を入れていきましょう。ただしこのセクションで学習した③の金額は最重要です。

① 期首のB/S負債：<ruby>資　産<rt></rt></ruby> 9,000円 − <ruby>資 本 金<rt></rt></ruby> 5,000円 = 4,000円
⑤ 期末のB/S負債：期首より1,000円多いので
　　　　　　　　　　　4,000円 + 1,000円 = 5,000円
③ 当 期 純 利 益：期首、期末B/Sの資本金の増加分 **Look!**

> <ruby>期 末 資 本 金<rt></rt></ruby> 7,000円 − <ruby>期 首 資 本 金<rt></rt></ruby> 5,000円 = 2,000円

② 当期P/Lの費用：<ruby>収　益<rt></rt></ruby> 8,000円 − <ruby>③当期純利益<rt></rt></ruby> 2,000円 = 6,000円

④ 期末B/Sの資産：<ruby>⑤ 負 債<rt></rt></ruby> 5,000円 + <ruby>資 本 金<rt></rt></ruby> 7,000円 = 12,000円

　期首と期末の資本金の増加分が何を意味するのかが理解できましたか。またこの増加分は損益計算書でも別に計算できるという関係がこの第1章では非常に重要です。

　この計算方法、考え方をよく理解しておきましょう。これは税理士試験の受験、そして合格後も基本になる考え方です。

# 独学の方法

　本書で簿記の学習を独学で始めた方は、どんな方法で本書を読み、また具体的な学習をしているでしょうか。これについて正しい読書方法と独学簿記学習について少々お話をさせてください。

## 独学読書の二つの方法

　読書といっても、本書はそもそも小説やエッセイと違い学習参考書です。参考書ですがいわゆる教科書つまりテキストと考えてよいでしょう。

　このテキストですが、学校の講義の中で使用するのであれば先生がカリキュラムに従い少しずつ説明をしながら前に進んでいきます。しかし今回の簿記学習は皆さん自身が一人でこの参考書をマイペースで読みながら学習を進めていきます。

　さて本書の内容ですが、基本的にはあまり難しいことは説明していません。したがってどんどん先に読み進めてしまうこともできるはずです。また一項目ごとに丁寧に理解し、納得しながら読むこともできるでしょう。

　この先にどんどん読み進めてしまう方法と一項目ずつ丁寧に読む方法ですが、これは読者の皆さんの性格や考え方にもより、その読み方も異なると思います。しかし独学読書であれば正しい読み方があります。それはまずは全編を先にどんどん読んで全体を把握して、それから再度丁寧に仕訳などを実際にしながら読み返すというのが正しい独学読書の方法です。

　早速、次のChapter 2からは先にどんどん最後まで読んでしまい、その内容というより全体像や学習ボリュームなどを把握してください。

## 独学簿記学習

　簿記はある意味では算数の学習方法に似ています。これは数字を使った学習ですから当然かもしれません。ただし算数が苦手でも簿記の学習には何の関係もありません。ただ知識の習得方法が算数の勉強方法に似ているということです。

　この簿記の学習が算数の学習に似ているというのは、自分の手を使って計算を何度も繰返しその内容を理解するということを意味します。これはただテキストを読むだけでは駄目だということです。

　簿記はこれまでにも指示をしていますが、必ず自分で貸借対照表などをメモ用紙に書いてみたりすることが重要だということです。ただし上記の独学読書で説明した一回目の素読みの場合にはこのような手書きの学習は不要です。あくまでも二度目の本格的な学習段階に入ったときに手書きの計算などが重要だということです。

# Chapter

~ 第 2 章 ~

# 記録の方法

　この章でマスターしてほしいこと

　簿記はまず仕訳という処理がいちばん重要
です。

　取引と呼ばれるものをどうして左側、右側
に分けて書くのかその理由をきちんと理解す
ること。

# 第2章 記録の方法
# 取引を記録する

 簿記の取引とは何かをマスターすることがテーマ

## 1 取引とは何か

　会社はお金が入金したり支払をすれば、これを記録しておかなければなりません。

　これは第1章で学習した通り簿記がお金の残高(ざんだか)を知っておくことと同時にお金が何に使われたか等を把握するためです。

　　お金の出入　………▶ 記録する必要がある!!

　会社ではお金を貰ったり払ったりする以外にも記録しておくべきことはないでしょうか。

　実は会社ではお金ですぐに決済をしないでツケでいろいろな取引をしています。たとえばお客さんに品物を売ってカード決済にすればお金が実際に入金するのは数ヵ月後です。

　またコピー用紙等の消耗品を購入して月末払いのツケにすることもあります。

　このように会社ではお金を使ってすぐに決済をしないで物のやりとりをしていることがたくさんあり、むしろそれが普通です。

　簿記ではこのようなお金を受け取ったり、また支払ったりするものはもちろん、ツケで物を売買するようなものもすべて取引をしたというふうに考えます。

　　取　　引　………▶ お金や品物のやり取り

　そして簿記では、このお金や物のやり取りである取引のすべてを記録することにしています。

# 2 取引の記録

簿記で取引のすべてを記録するのはなぜだと思いますか。

これはすでに前の章で学習済みです。

簿記では会社の財政状態や経営成績というものを金額をもって明らかにしなければなりません。そのためにはこの取引のすべてを記録しておく必要があるからです。

ある結論を出すためには、途中の過程をきちんとしておかなければならないというのは当然のことです。

取引 → 記録しておく → B/S等が作成可能

さて簿記では会社の取引を記録することになります。しかし、その前にまずこの取引とはどのようなものかを考えてみることにします。

まず1点が記録できるものであること、さらにもう1点が取引の記録が貸借対照表や損益計算書に反映されるべきものであることです。

取引になるもの ── 記録が可能であること
　　　　　　　 └─ B/S,P/Lに反映されるもの

記録が可能であるかどうかというのはただ文章にするという意味ではありません。簿記の正式なルールに従ってこれを記録することができるかどうかという意味です。

記録可能　B/S、P/Lに関係　2つのことが条件になるのかー

# 3 簿記における取引

ちょっとこんなことを考えてください。

コンビニで新しいアルバイトを雇ったとします。このバイトが1ヵ月働いてアルバイト料30,000円を支払ったとします。

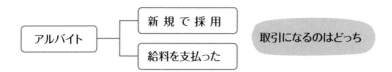

アルバイトを雇ったこと自体は働き手が増えただけでコンビニの財産等に変化はありません。しかしアルバイト代を支払えば現金がマイナスして、給料という費用が発生します。

さらにアルバイトが店の商品を勝手に持ち帰っていることが判明したのでクビにしたとします。

同じようにクビにしたことは取引にはなりません。

しかし商品を持ち帰っていたことはお店の損失(そんしつ)になるのでこれは取引として記録する必要があります。

簡単に考える方法を説明します。

取引になるのかならないのかは貸借対照表と損益計算書に計上されている項目(金額)に変化があれば簿記では取引、そうでなければ取引とは考えません。

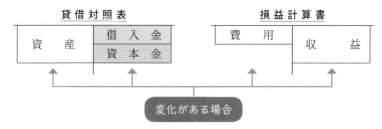

※記録可能

　上記の貸借対照表や損益計算書に変化があるのですから、これは記録しなければならないということになるわけです。

# 4 取引になるものを考えてみよう

　皆さんの中にどうしても欲しいゲームソフトや洋服があるので発売前に予約をして手に入れた経験がある人がいると思います。

　いくら未成年であっても、この予約をしたというのはお金(予約金)の支払をしていなくても法律上の契約をしたことになるので、お店では必ずゲームソフトや洋服をお客さんに売らなければなりません。

　さてこのような時ですがゲームソフト等の予約自体は取引になるでしょうか。皆さん購入側でもお店の販売側の立場でもいいので考えてみましょう。

　これは前頁のアルバイトの雇用と解雇の例と同じで物もお金も動いていないので簿記上の取引にはなりません。

　しかしもし予約時に1円でも予約金をやり取りすればこれは正式な取引に該当することになります。

　これはなぜだかわかりますか。

　簿記ではゲームソフト等の法律上の売買契約はどうでもよくて、1円の予約金が受け渡しされているというのが記録できるから、これを取引と考えるということなのです。

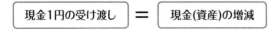

# 仕 訳

## 1 取引の記録方法

簿記における取引というものがどのようなものであるか理解できたでしょうか。

法律的な契約ではなく、貸借対照表や損益計算書に計上されている金額に変化があるものを簿記では取引として考えるということです。

さて今度はいよいよこの取引を簿記として実際に記録する方法について説明することにします。

簿記ではこの記録を仕訳（しわけ）というちょっと特殊な方法で行います。

あれ？？仕分けでなく仕訳？と思った方は、そうですその通り仕訳なのです。これも実は簿記の専門用語です。

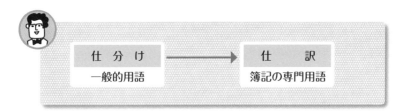

| 仕 分 け | → | 仕 訳 |
|---|---|---|
| 一般的用語 | | 簿記の専門用語 |

文字は違いますが、あるものしわけるわけですから、あるものをあっちとこっちに分けるということです。

このあるものというのが簿記では取引ということです。

取引をあっちとこっちに分ける。つまりこれは取引を貸借対照表や損益計算書に計上されている各項目に分類するんだと考えて下さい。

取 引 → 仕 訳 → B/S,P/L項目と分類

# **2** 取引の分類

簿記の入門段階でとても重要なことがあります。

それはこの取引を仕訳するという意味や方法をマスターすることです。

この仕訳の意味や方法を完全に理解しないで先に進むとやがて簿記は分からなくなり、難しいもの、さらにつまらない勉強ということになります。

私はこれまでに何百人も簿記からドロップアウトしてしまった受講生を見て来ました。これには必ず1つの原因があります。

それは簿記学習の入口で貸借対照表と損益計算書の左右に計上されている項目を暗記していないこと、さらにこれを原因として仕訳が理解できないというのがその理由です。

**2**

記録の方法

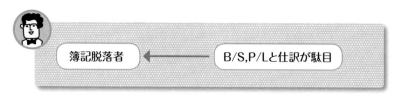

早速P.037とP.047を見て貸借対照表と損益計算書の左右を確認してください。

さて簿記における仕訳ですが、取引を貸借対照表や損益計算書に関連させながら2つの方向から考えます。

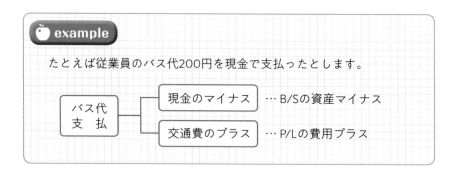

# 3 2WAYで考える

仕訳は必ず取引を２つの方向から考えます。

前頁の例では現金200円でバス代を支払ったことにより貸借対照表と損益計算書の項目がプラス、マイナスしましたが、次のような貸借対照表だけのプラス、マイナスも発生します。

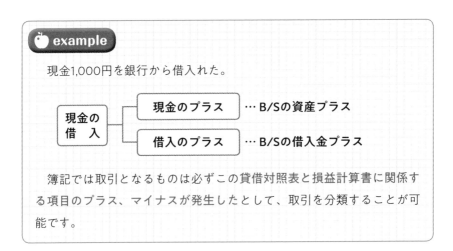

> **example**
>
> 現金1,000円を銀行から借入れた。
>
> 現金の借入 ─┬─ 現金のプラス … B/Sの資産プラス
> └─ 借入のプラス … B/Sの借入金プラス
>
> 簿記では取引となるものは必ずこの貸借対照表と損益計算書に関係する項目のプラス、マイナスが発生したとして、取引を分類することが可能です。

この２つに分類することが仕訳の考えの基本ということになります。

仕訳はこの2つの分類が正しくできるかどうかが非常に重要です。取引を考えるときは必ず「何が、どうして、どうなったのか」ということを頭の中で組み立ててください。この時に「誰が」ということを考える必要はありません。なぜならこの誰かはすべて「会社が」ということだからです。

取引： 何が → どうして → どうなった

当然お金のこと、つまり金額も考えなければなりません。

しかしこれは取引文等で示されているのであまり考える必要はありません。

# **4** 仕訳の基本

　それではいくつかの取引を例にしながら、早速これを2つに分類して考えてみることにします。

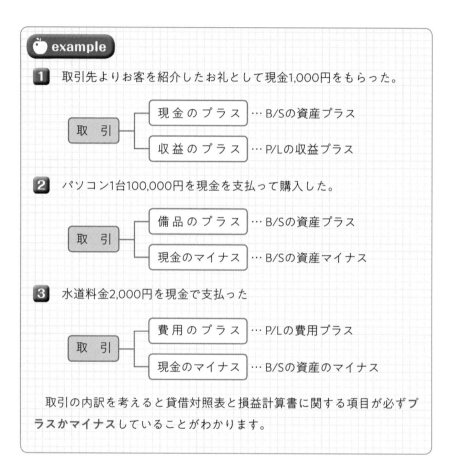

**example**

**1** 取引先よりお客を紹介したお礼として現金1,000円をもらった。

取　引 ── 現 金 の プ ラ ス …B/Sの資産プラス
　　　 └─ 収 益 の プ ラ ス …P/Lの収益プラス

**2** パソコン1台100,000円を現金を支払って購入した。

取　引 ── 備 品 の プ ラ ス …B/Sの資産プラス
　　　 └─ 現金のマイナス …B/Sの資産マイナス

**3** 水道料金2,000円を現金で支払った

取　引 ── 費 用 の プ ラ ス …P/Lの費用プラス
　　　 └─ 現金のマイナス …B/Sの資産のマイナス

　取引の内訳を考えると貸借対照表と損益計算書に関する項目が必ずプ**ラスかマイナス**していることがわかります。

# 5 現金による借入

今度は仕訳を貸借対照表と損益計算書の左右に計上されている資産から収益までに関係させながら考えてみます。

この左右に区分して考えることが本当の仕訳になりますから、その方法を理解してください。

まずは貸借対照表の左右の項目がそれぞれ増加する取引です。

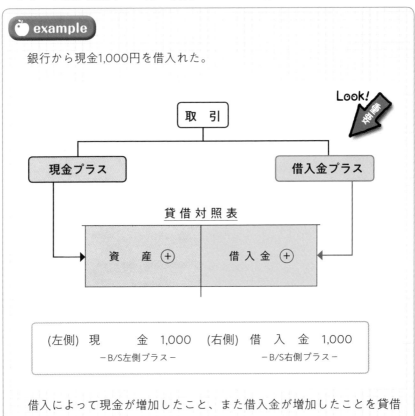

銀行から現金1,000円を借入れた。

取 引

現金プラス　　　　　　　借入金プラス

貸 借 対 照 表

資　　産 ⊕　　　借 入 金 ⊕

(左側) 現　　　金　1,000　(右側) 借　入　金　1,000
　　　　　－B/S左側プラス－　　　　　　　－B/S右側プラス－

借入によって現金が増加したこと、また借入金が増加したことを貸借対照表の左右の金額が、それぞれ増加したと考えることができます。

上記のような方法で実際の仕訳は左側と右側で行います。

# **6** 手数料の受取

　今度は貸借対照表と損益計算書の金額が増加する取引を考えてみます。

　このときに貸借対照表で現金は左側で増加すること、損益計算書の右側では収益が増加するということに注目してください。

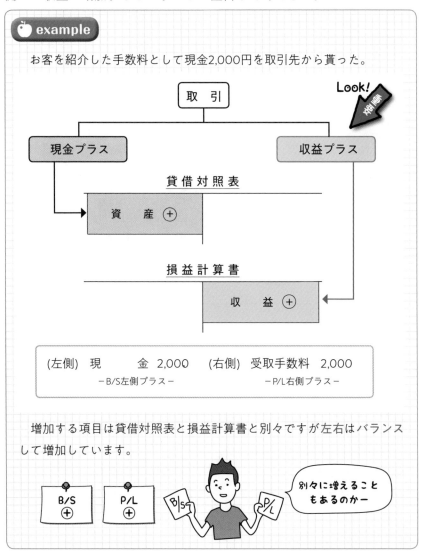

　増加する項目は貸借対照表と損益計算書と別々ですが左右はバランスして増加しています。

# **7** 備品の購入

　今度は貸借対照表の左側に計上されている現金と備品の増減という異なる資産がプラス、マイナスする取引について考えてみます。

　貸借対照表の左側だけの増減の意味を考えてください。

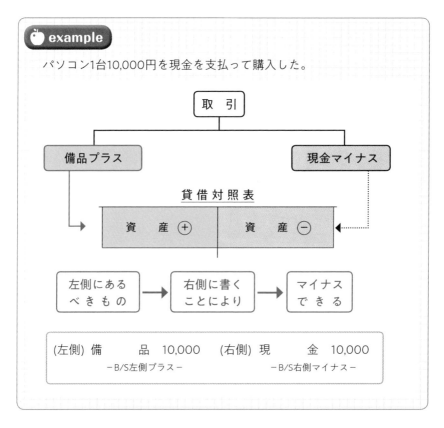

🍎 **example**

パソコン1台10,000円を現金を支払って購入した。

取 引

備品プラス　　　　　　　　　現金マイナス

貸 借 対 照 表

| 資　産　⊕ | 資　産　⊖ |

左側にある　→　右側に書く　→　マイナス
べ き もの　　　ことにより　　で き る

(左側) 備　　　品　10,000　(右側) 現　　　金　10,000
　　　－B/S左側プラス－　　　　　　　　－B/S右側マイナス－

　さてこれまで現金の増加は左側で考えましたが、今度は現金が減少するときはどう考えるのでしょうか。

　現金は本来左側にあるべきものです。これは資産ですから左側にあるのが本来の姿です。つまり現金は左側にあるから資産ということです。

　そこでこの現金をマイナスする時は右側に計上して左右で相殺してマイナスしたと考えるのです。

# 8 水道代の支払

簿記がわからなくなってしまう最初の落とし穴が、取引を区分けしているこの仕訳です。納得できるまでこの左右に区分けしている仕訳について考えてください。

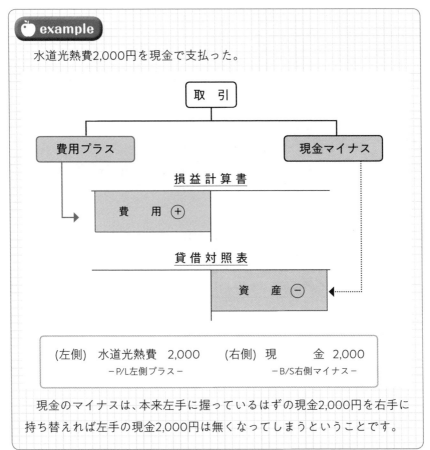

🍎 **example**

水道光熱費2,000円を現金で支払った。

```
                    取  引
           ┌─────────┴─────────┐
       費用プラス                    現金マイナス
```

損 益 計 算 書

費　用 ⊕

貸 借 対 照 表

資　産 ⊖

(左側)　水道光熱費　2,000　　(右側) 現　　金　2,000
　　　　　－P/L左側プラス－　　　　　　　　　　－B/S右側マイナス－

現金のマイナスは、本来左手に握っているはずの現金2,000円を右手に持ち替えれば左手の現金2,000円は無くなってしまうということです。

**指令**

P.068 ～ P.071の "example" の仕訳をメモ用紙に、問題を大きな声に出して読んで、「左側～、右側～」って言いながら10回仕訳しましょう。

# 9 勘定科目

　ここまでにいくつかの仕訳を紹介しました。この時に左右で区分する仕訳に現金から水道光熱費までの特別な名称を使って仕訳をしています。

　これを簿記では貸借対照表と損益計算書に関係させて5つに分類し、それぞれの名称を勘定科目と呼びます。

　特にこれまで借入金や資本金はそのままの名称を用いてきましたが正式な分類名称は、負債と純資産です。今後は、この名称を使うことにします。

| 区　分 | 貸 借 対 照 表 | | | 損 益 計 算 書 | |
|---|---|---|---|---|---|
| | 資　産 | 負　債 | 純資産 | 費　用 | 収　益 |
| 勘定科目 | 現　金<br>貸付金<br>備　品<br>その他 | 借入金<br>その他 | 資本金<br>（当分の間<br>このひとつ<br>だけ） | 旅費交通費<br>交際費<br>水道光熱費<br>その他 | 受取手数料<br>その他 |

※勘定科目の分類基準(属性)
　　上記の区分は資産から収益までの5つに分類されていますが、これを科目の属性による分類と考えてください。
　　英単語の名詞、動詞、接続詞などと同じような勘定科目の分類方法のひとつということです。

　資産と負債はプラス、マイナスがあります。これは現金や借入金は増減するからです。

　しかし費用と収益はそれぞれ左側、右側にしか計上されません。つまりプラスはあるがマイナスはないということです。

　仕訳を考えるときには、この資産、負債を左、右のどちらに計上するかを理解することが重要です。

# 10 勘定科目のポジション

勘定科目は貸借対照表と損益計算書の左側と右側に計上されていることからそれぞれポジション(定位置)があります。

仕訳をするときにはこの勘定科目別のポジションを考えて左側か右側かの処理をすることが大事です。

たとえば現金のような資産は貸借対照表の左側に計上されていますから左側が定位置であり右側は減少したときに計上します。

またスマホ料金である通信費のような費用は損益計算書の左側に計上されますからポジションは左側ということになります。

なお通信費のような費用は支払いによるプラスしかありません。
これはスマホ料金の払い戻しなどというものがなく、マイナスはないと考えれば明白です。

同じように収益は右側にしか計上されません。

入門者が一番ミスをするのが負債である借入金の増減です。

借入金のような負債は貸借対照表の右側に計上します。ということは右側が定位置です。したがって借金が増えれば右側で、また逆に借金を返せば左側で仕訳します。

# 11 左右での増減を考える

この資産から収益までの5つの要素をもった勘定科目が左右どちら側で増減するかで考えてみます。この時にわかりやすいのでアルファベットのTの文字を使って左右を区別して示してみます。

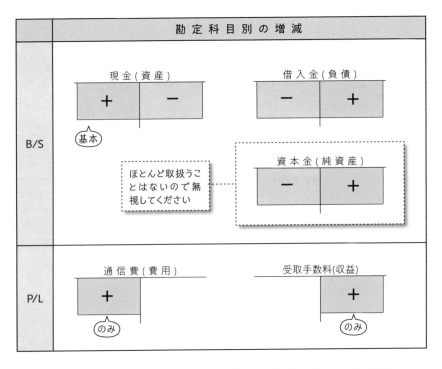

上記でT字型は5つありますが、純資産の資本金はほとんど仕訳をすることはありませんので無視してください。

となると残りのT字型は4つです。

資産の現金は左側で増えて右側で減ることはこれまでに何度もやっています。

また費用である通信費、収益である受取手数料は左側、右側の一方にしか計上されません。

となると残りは負債の借入金のプラス、マイナスを暗記するだけということになります。

# 12 仕訳の左右を考える

　この仕訳を行うときに左側、右側に何を計上すれば良いか勘定科目を使って少し練習をしてみましょう。

| － | 取　引　例 | 左　側 | 右　側 |
|---|---|---|---|
| 1. | 現金を支払って借入金を返した | 借入金(負　債⊖) | 現　金(資　産⊖) |
| 2. | スマホ料金を現金で支払った | 通信費(費　用⊕) | 現　金(資　産⊖) |
| 3. | 現金を他社に貸してやった | 貸付金(資　産⊕) | 現　金(資　産⊖) |
| 4. | 上記の利息を現金で貰った | 現　金(資　産⊕) | 受取利息(収益⊕) |
| 5. | アルバイト代を現金で支払った | 給　料(費　用⊕) | 現　金(資　産⊖) |
| 6. | 銀行から現金を借りた | 現　金(資　産⊕) | 借入金(負　債⊕) |
| 7. | 株主から現金の出資があった | 現　金(資　産⊕) | 資本金(純資産⊕) |
| 8. | 自動車を現金を払って購入した | 車　両(資　産⊕) | 現　金(資　産⊖) |
| 9. | 販売目的の商品を現金で仕入れた | 商　品(資　産⊕) | 現　金(資　産⊖) |
| 10. | 得意先を接待して現金を支払った | 交際費(費　用⊕) | 現　金(資　産⊖) |

　すべての取引の左側か右側に現金が計上されています。当分の間は取引の多くは現金の増減を使って行われるので、次のことを暗記すること。

左側 プラス ⊕ ← 現　金 → 右側 マイナス ⊖

 指令

　上記の取引例の解答欄を白紙等で隠して何度も何度も左右の勘定科目が正しく計上できるかをマスターしましょう。
　全部できるようになるまでは次に進んでも無駄です!!

# 13 借方と貸方

　簿記では昔から左側と右側を借方、貸方という特別な名称で呼ぶのが慣習になっています。

　したがって今後、簿記や経理等お金に関する勉強や仕事をするときには必ずこの特殊な名称を使って左右を区別することになります。

**※名称の由来**

　なぜ左側と右側にこのような名前が付いたのかには、いろいろな説があります。インターネットで調べるとその理由がわかります。

　しかしそんな理由を知っていても簿記学習には何の役にも立ちません。

　そんなことより、とにかく取引仕訳の左側と右側、借方と貸方に正しい勘定科目が計上できるかどうかの方が、皆さんにははるかに重要です。

　この借方と貸方を覚えるのは「り」と「し」という平仮名がそれぞれ左と右に向いていることをイメージして考えるといいでしょう。

　本書でもこれ以降は少しずつこの借方、貸方を使っていくことにします。

# 14 仕訳が行われる帳簿

ここまでで学習している仕訳ですが、簿記ではこの仕訳だけを行う特別な帳簿があります。

この帳簿の名称を仕訳を行うので仕訳帳といいます。簿記上は会社で発生した取引のすべてをこの仕訳帳の上で処理することとされています。

この仕訳帳はすべての取引が記録されているので、会社にとっては大事な帳簿と考えることができ、主要簿と呼ぶこともあります。

その仕訳帳の記入例を参考までに紹介してみます。

---

### example

8月4日に営業担当者Aに電車代2,000円を現金で支払った。

#### 仕 訳 帳

| 日 付 | | 摘　　要 | 元丁 | 借 方 | 貸 方 |
|---|---|---|---|---|---|
| 8 | 4 | (旅費交通費) | | 2,000 | |
| | | (現　　金) | | | 2,000 |
| | | 営業担当者A、電車代 | | | |

※記入方法

日付欄には取引のあった日付を記入します。
また仕訳(勘定科目)は1行ずつ行います。
取引仕訳の最後にその内容を簡単に記入しこれを小書と呼びます。
最後に次の取引との区別のために摘要欄にだけ実線で仕切線を引きます。

---

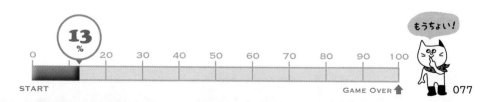
もうちょい！

⭐ **チャレンジ問題**

　下記に示す取引を勘定科目をよく考えながら借方(左側)と貸方(右側)で仕訳してみましょう。

1　会社で切手500円とボールペン300円を現金を支払って購入した。
2　取引先にお金を貸していたので利息として現金2,000円を受け取った。
3　営業用に使用するパソコン1式50,000円を現金を支払って購入した。
4　銀行から現金30,000円を借入れた。

**解答欄**

切手代は何だろう？　　　　　　　　　　　　　現金を支払ったということは…

1　左側 ( 　　　　　 ) --------- 右側 ( 　　　　　　　 ) ---------
　　(借方) ( 　　　　　 ) ---------　(貸方)

ボールペンは使えばなくなってしまう

現金は貰えば増える　　　　　　　　　　貰った利息は儲かったことになる

2　左側 ( 　　　　　 ) --------- 右側 ( 　　　　　　　 ) ---------
　　(借方)　　　　　　　　　　　　　(貸方)

パソコンは資産です　　　　　　　　　　現金のマイナスは右側ですね

3　左側 ( 　　　　　 ) --------- 右側 ( 　　　　　　　 ) ---------
　　(借方)　　　　　　　　　　　　　(貸方)

借金をして現金が増えました　　　　　　借金は負債ですヨ

4　左側 ( 　　　　　 ) --------- 右側 ( 　　　　　　　 ) ---------
　　(借方)　　　　　　　　　　　　　(貸方)

**解 答**

1　（ 通 信 費 ）　500　　（ 現　　金 ）　800　**20**
　　（ 消 耗 品 費 ）　300　　合計した方がベター

⬇

　　　　左側は下記のように上下逆に書いてあっても正解です。以後出てくる仕
　　　訳は同じように上下が逆でも正解です。当然ですが左右逆は不正解です。

OK!!　（ 消 耗 品 費 ）　300　　（ 現　　金 ）　500
　　　（ 通 信 費 ）　500　　（ 現　　金 ）　300
　　　　　　支払利息という費用と区別するので必ず「受取」を付けること

2　（ 現　　金 ）　2,000　　（ 受 取 利 息 ）　2,000　**30**
　　パソコンやコピー機はこの科目です

3　（ 備　　品 ）　50,000　　（ 現　　金 ）　50,000　**20**

4　（ 現　　金 ）　30,000　　（ 借 入 金 ）　30,000　**30**

　　　　　　借金をすることは負債の
　　　　　　プラスなので右側です!!

神レベル
**70** 以上

**参 考**

必ずもう一度自分でメモ用紙(白い紙)に仕訳をやり直すこと。

仕訳は左右のわかる勘定、わかる金額から考えて組立てていきます。

（　?? 　）　500　　（現　金）800
（　?? 　）　300

⬇

（　?? 　）　500　　（現　金）800
（消耗品費）　300

という具合です

 **指令**

　このチャレンジ問題は神レベルに満たないものは下僕レベルなのでこの先に
は進むことを禁止します。神レベルでなければ罰としてこの問題の仕訳を10回
やりなさい。

# 1 帳簿への記入

　前セクションで会社で発生した取引を仕訳するというお話をしました。またこの仕訳は仕訳帳と呼ばれる会社の特別な帳簿を利用して行うことも説明しました。

　さて今度はこの仕訳帳に仕訳したものを本格的に帳簿、しかも簿記上非常に重要な帳簿に記入する方法について考えてみることにします。

　この本の冒頭から簿記とはどのようなものかというお話をしています。

　どうでしょう。ここまで学習をしてきて簿記というものは会社のお金の出入を記録することが基本であり、この結果として期末になると財政状態や経営成績というものを知ることができるということが理解できているでしょうか。

　まずこのお金の出入は仕訳という方法により記録する必要がありました。

　さらに仕訳によりお金がどのような理由により増えたのか減ったのかも勘定科目を用いることにより、明確にすることができました。

# **2** 取引の内訳の記録

　これまで例として取り上げてきた取引は、その多くが現金の増減を伴うものでした。

　仕訳を考える時にも現金が増えたから左側で現金とし、また逆に減ったから右側で現金として処理をしたはずです。

　今度は、現金の増減ばかりではなくその原因となったものも勘定科目ごとに、その記録方法を考えてみたいと思います。

8/5　（現　　　　金）　1,000　（借　入　金）　1,000
9/7　（交　際　費）　　300　（現　　　　金）　　300
　　　　　⌐‥‥▶ 交際費の増加 　　　借入金の増加 ◀‥‥⌐

　簿記上は、現金の増減も大事なのですが、それが何によってもたらされたのかという原因もきちんと把握しておかなければなりません。

　そこで、それぞれの項目、現金なら現金、借入金なら借入金、そして交際費のことなら交際費のことを記入することができる1冊のノートを用意します。

内訳を記入する　➡　| 現金の増減<br>借入金の増減<br>その他 |
ノート

# 3 各ページに記入すること

このノートには1頁ごとに現金なら現金、借入金なら借入金だけの増減を記入します。

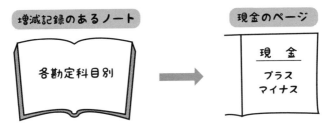

たとえば現金なら記入のルールは現金が資産であることから左側を増加、右側を減少として記入します。

**現金のページ(拡大)**

| 日付 | | 摘　　　　要 | 借　方 | 貸　方 |
|---|---|---|---|---|
| 8 | 5 | 借　入　金 | 1,000 | |
| 9 | 7 | 交　際　費 | プラス | 300 |

現　　　　金

同じ事を借入金や交際費のページにもその増減を左右に区別しながら記録します。

| 日付 | | 摘　　　　要 | 借　方 | 貸　方 |
|---|---|---|---|---|
| 8 | 5 | 現　　　金 | | 1,000 |

借　入　金

このように各ページごとに勘定科目の増減をキレイに記録しておくことになります。

# **4** 総勘定元帳

この現金や交際費などの勘定科目を1冊にまとめたノートを簿記では元帳、特に総勘定元帳と呼びます。

ふつうは帳簿という名前で呼ばれていて、例はあまり良くありませんが、二重帳簿や裏帳簿というのもこの総勘定元帳が本物とニセ物の二冊あるようなことを意味します。

**2**

記録の方法

この総勘定元帳には会社で発生した取引がすべてありのままに記録されています。

したがって各ページの合計額や残額を見れば、たとえば現金の本日現在の残高や交際費として使った金額の総額がすぐにわかるようになっています。

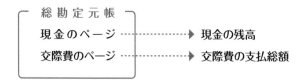

会社では取引を必ず仕訳します。そしてその仕訳をこの総勘定元帳の各ページにそれぞれ記入しています。したがってこの帳簿残高はそのまま会社の取引結果を示しているということになります。

# 5 転記

　この総勘定元帳内の各勘定科目別のページのことを勘定口座と呼びます。

　これは現金の内訳が書いてあるページそのものを示すと考えて下さい。具体的な例を示せばP.082の現金のことが記載されているページが勘定口座ということになります。

　そこでもう少し正式にこの記入のことを表現すると「仕訳は総勘定元帳内の各勘定口座に記入する」などとして表します。

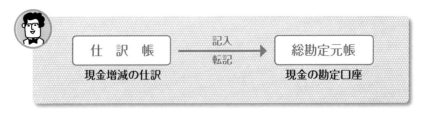

※勘定口座
　　現金の増減が記入されているページそのものを示す時に「口座」という表現をします。

　さらに仕訳帳における仕訳を総勘定元帳内の各勘定口座へ記入することを正式には転記と表現します。

　したがって簿記では仕訳を転記するという一連の作業を示す表現がこれから沢山出てくることになります。

　簿記学習ではまず仕訳する能力がひじょうに重要です。特に簿記入門者は、この仕訳がスムーズに出来るようになるまでいろいろな取引の仕訳練習をすることが基本です。

　この仕訳ができるようになったら次に身につけなければならないのが勘定口座への転記ということになります。

# **6** 勘定口座への転記

総勘定元帳内の勘定口座は、現金であればP.082に示してありますが正式な様式は次のようになっています。

現　　　　金

| 日付 | | 摘　　要 | 仕丁 | 借　方 | 貸　方 | 借/貸 | 残高 |
|---|---|---|---|---|---|---|---|
| 8 | 5 | 借　入　金 | | 1,000 | | 借 | 1,000 |
| 9 | 7 | 交　際　費 | | | 300 | 〃 | 700 |

上記は正式な、つまり会社が実際に記入している総勘定元帳内の現金に関する勘定口座です。

しかし学習上は、今後上記の勘定口座をアルファベットのTの文字に見立てたＴ字型の勘定口座を用いて行うことになります。

仕訳の時に現金が減少すれば、右側で現金と仕訳しました。これは上記の勘定口座で考えると、左側の残高を右側へ書くことにより300円減少させることができることがわかります。

これが現金が減った時に、貸方を現金とする理由だと考えて下さい。

# **7** 転記のルール

　仕訳は取引ごとに毎回行うのが基本です。簿記上は何日分かをためて
まとめて一括して仕訳するということはないと考えて下さい。

　さらにこの仕訳ですが、これも必ず仕訳の都度総勘定元帳の勘定口座
へ個々に転記しなければなりません。

　したがってこの取引仕訳と元帳への転記は簿記では毎回必ず行わなけ
ればならない仕事だということです。

取引はその時に必ず仕訳して転記する
というのが基本ルールです。

　さらに勘定口座へ転記するときには、日付と仕訳上の相手勘定科目の
名称、さらに金額、以上の3つのことを必ず記入します。

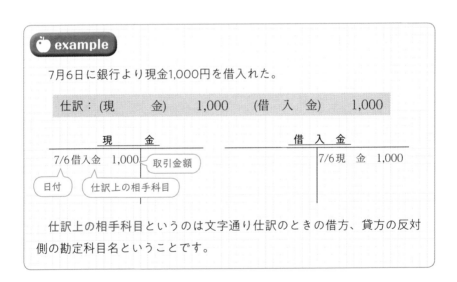

🍎 example

　7月6日に銀行より現金1,000円を借入れた。

　仕訳：(現　　金)　　1,000　　(借入金)　　1,000

|現　金|借入金|
|---|---|
|7/6借入金　1,000|7/6現　金　1,000|

取引金額 / 日付 / 仕訳上の相手科目

　仕訳上の相手科目というのは文字通り仕訳のときの借方、貸方の反対
側の勘定科目名ということです。

# 8 転記の作業

　簿記関係の試験では解答として**仕訳**を要求されることがよくあります。

　さらにこの仕訳の延長である勘定口座への転記が求められるような問題があるかといえば、これは逆にほとんど無いと考えてよいでしょう。

　ただし勘定口座への転記は、今後問題を解くにあたり常にメモをしたり頭のなかでイメージします。

　つまり簿記の問題を解くに際しては、問題文を読み迅速に仕訳が組み立てることができ、これが実際の勘定口座の上で転記されたイメージが出来るかどうかということが非常に重要なことだということです。

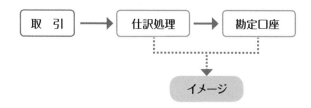

　これは決して特別なことではなく、これから簿記の学習を進めれば、誰でも当然の事のようにできるようになることです。

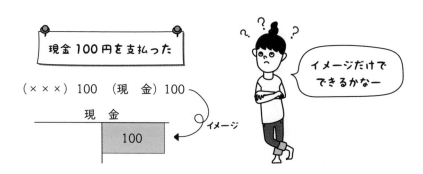

087

# 9 転記をやってみよう

さてそれではいくつかの取引を勘定口座に実際に転記してみたいと思います。

転記に際しては必ず下記の三つの**要素**を忘れないようにすることが重要です。

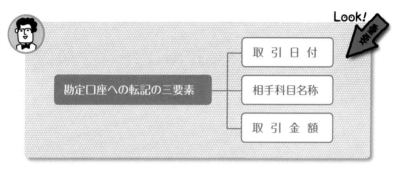

Look!

勘定口座への転記の三要素 ── 取引日付 / 相手科目名称 / 取引金額

### 🍎 example

6月5日にパソコン1台を100,000円の現金を支払って購入した。

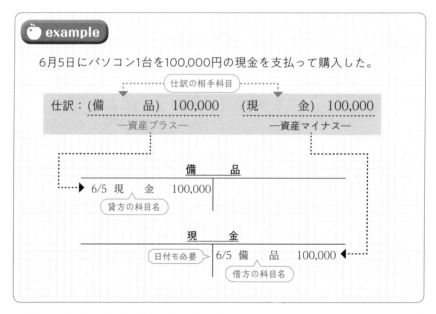

仕訳の相手科目

仕訳：(備　　　品) 100,000 　(現　　　金) 100,000
　　　　─資産プラス─　　　　　　　─資産マイナス─

備　　　品
6/5 現　　金　100,000
貸方の科目名

現　　　金
日付も必要　6/5 備　　品　100,000
借方の科目名

簿記初心者は取引日付と取引金額は記入できるのですが仕訳上の相手勘定科目の名称の記入がスムーズにできません。転記のときには仕訳処理をよく見て相手科目名を記入しましょう。

# 10 相手科目の名称

　会社で発生する取引の中には、いくつかの取引が複合的に発生するものがあります。

　たとえば現金で交際費と交通費の支払を合計でしたとします。

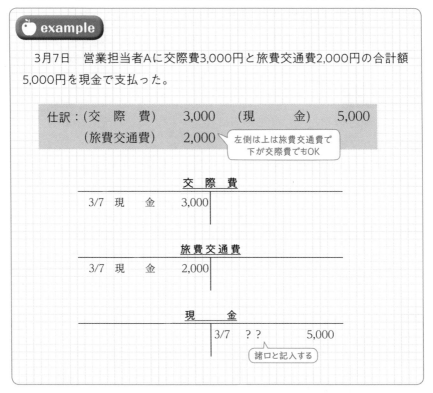

**example**

　3月7日　営業担当者Aに交際費3,000円と旅費交通費2,000円の合計額5,000円を現金で支払った。

仕訳：(交　際　費)　　3,000　　(現　　　金)　　5,000
　　　(旅費交通費)　　2,000

左側は上は旅費交通費で
下が交際費でもOK

**交　際　費**

| 3/7 | 現　金 | 3,000 | |

**旅費交通費**

| 3/7 | 現　金 | 2,000 | |

**現　　金**

| | | | 3/7 | ？？ | 5,000 |

諸口と記入する

　このような時に貸方の現金と借方の勘定科目を見ると借方には2つの相手科目があり、便宜上現金勘定の貸方では相手科目名を諸口として記入します。

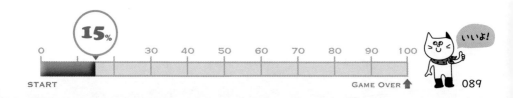

## チャレンジ問題

下記に示す取引を解答欄の勘定口座へ転記してみましょう。

4月2日　取引先から手数料3,000円を現金で受け取った。
　　7日　郵便局で切手800円を購入して現金を支払った。
　　8日　銀行から10,000円を借入れたが、先に利息500円を支払わ
　　　　なければならず残額9,500円だけを現金で受け取った。

## 解答欄

まずそれぞれ日付別にメモ用紙に仕訳をして、この仕訳をよく見て転記をやってみましょう。

仕訳だけ3つ先にやらないで1つずつ仕訳してそれを転記しましょう!!

### 現　　　金

| ( | ) ( | ) ( | ) | ( | ) ( | ) ( | ) |
|---|---|---|---|---|---|---|---|
| ( | ) ( | ) ( | ) | | | | |

### 借　入　金

| | | | ( | ) ( | ) ( | ) |
|---|---|---|---|---|---|---|

### 受　取　手　数　料

| | | | ( | ) ( | ) ( | ) |
|---|---|---|---|---|---|---|

### 通　信　費

| ( | ) ( | ) ( | ) |
|---|---|---|---|

### 支　払　利　息

| ( | ) ( | ) ( | ) |
|---|---|---|---|

## 解答

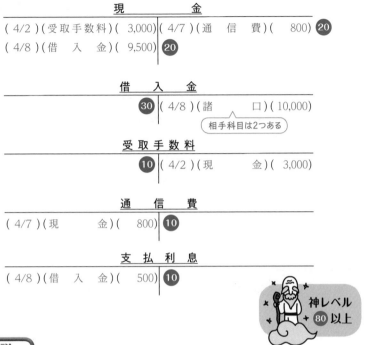

### 現　　　　金

( 4/2 )(受取手数料)( 3,000)|( 4/7 )(通　信　費)(　800) 20
( 4/8 )(借　入　金)( 9,500) 20

### 借　入　金

30 |( 4/8 )(諸　　　口)( 10,000)

相手科目は2つある

### 受 取 手 数 料

10 |( 4/2 )(現　　　金)( 3,000)

### 通　信　費

( 4/7 )(現　　　金)(　800) 10

### 支 払 利 息

( 4/8 )(借　入　金)(　500) 10

神レベル 80 以上

## 解説

　勘定口座への転記をするときにはメモ用紙に必ず仕訳をしなければ駄目です。

　各取引の仕訳は次のようになります。

受取を忘れずに

| 4月2日 | (現　　　金) | 3,000 | (受取手数料) | 3,000 |
| 7日 | (通　信　費) | 800 | (現　　　金) | 800 |
| 8日 | (現　　　金) | 9,500 | (借　入　金) | 10,000 |
|  | (支 払 利 息) | 500 | | |

銀行からの借入額

　上記の仕訳を転記するのですが転記は日付、仕訳上の相手勘定科目の名称、取引金額をきちんと記入しましょう。

　ただし8日の借入金勘定は「諸口」になるので要注意です。

section 4
第2章　記録の方法

試算表

一覧表に計上されて
いる各金額の計算
方法をマスターする

 元帳のバランス

　会社で発生する取引は、1日ひとつではありません。会社の規模が大きくなれば、全国に支店や工場があります。したがって毎日発生する取引の数も膨大です。

　簿記では多くの取引が発生したとしても、これをひとつひとつ仕訳して総勘定元帳の中にある勘定口座へ転記しなければなりません。

　ただ、この時に仕訳や元帳への転記でミスが生ずることはないでしょうか。

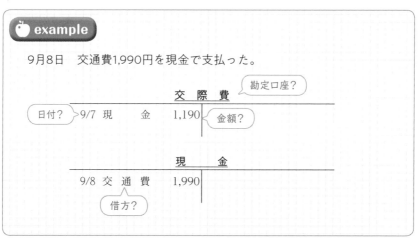

9月8日　交通費1,990円を現金で支払った。

交　際　費 【勘定口座？】

【日付？】 9/7 現　　　金　1,190 【金額？】

現　　金

9/8 交 通 費　1,990

【借方？】

　仕訳や転記は人間が行う作業ですからミスが発生する可能性はあります。

人間の作業
↓
必ずミスがある

私はまだ仕訳も
ちゃんとできないから、
ミス以前の話よねー

# 2 左右バランスの点検

仕訳はそのまま左右に区分をして元帳の各勘定口座に転記されますから次のようなことが起こっています。

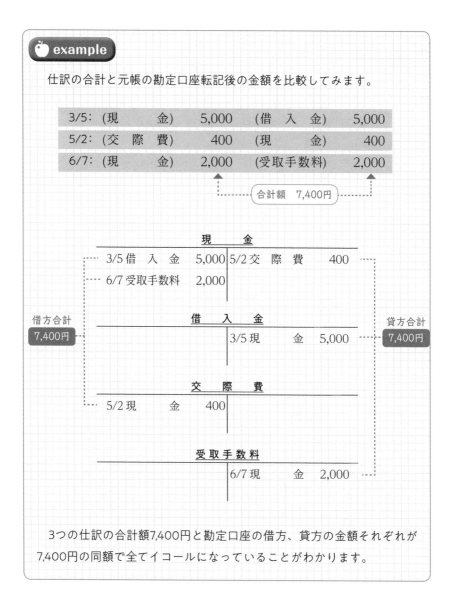

🍎 **example**

仕訳の合計と元帳の勘定口座転記後の金額を比較してみます。

| 3/5: | (現　　　　金) | 5,000 | (借　入　金) | 5,000 |
| 5/2: | (交　際　費) | 400 | (現　　　　金) | 400 |
| 6/7: | (現　　　　金) | 2,000 | (受取手数料) | 2,000 |

合計額　7,400円

**現　　金**

| 3/5 借　入　金 | 5,000 | 5/2 交　際　費 | 400 |
| 6/7 受取手数料 | 2,000 | | |

借方合計
**7,400円**

**借　入　金**

| | | 3/5 現　　　金 | 5,000 |

貸方合計
**7,400円**

**交　際　費**

| 5/2 現　　　金 | 400 | | |

**受取手数料**

| | | 6/7 現　　　金 | 2,000 |

3つの仕訳の合計額7,400円と勘定口座の借方、貸方の金額それぞれが7,400円の同額で全てイコールになっていることがわかります。

# 3 一覧表の作成

　各勘定口座に記入されている金額を基礎にして一覧表を作成し、転記が正しく行われているかどうかを検証してみることにします。

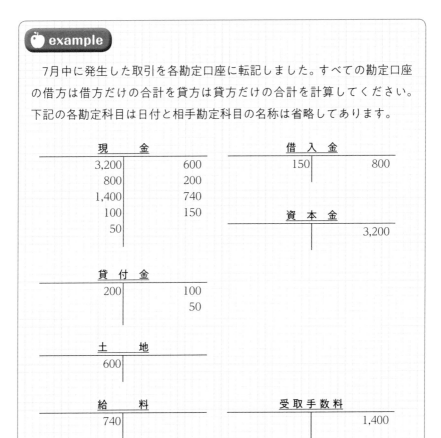

**example**

　7月中に発生した取引を各勘定口座に転記しました。すべての勘定口座の借方は借方だけの合計を貸方は貸方だけの合計を計算してください。下記の各勘定科目は日付と相手勘定科目の名称は省略してあります。

| 現　　金 | |
|---|---|
| 3,200 | 600 |
| 800 | 200 |
| 1,400 | 740 |
| 100 | 150 |
| 50 | |

| 借　入　金 | |
|---|---|
| 150 | 800 |

| 資　本　金 | |
|---|---|
| | 3,200 |

| 貸　付　金 | |
|---|---|
| 200 | 100 |
| | 50 |

| 土　　地 | |
|---|---|
| 600 | |

| 給　　料 | |
|---|---|
| 740 | |

| 受 取 手 数 料 | |
|---|---|
| | 1,400 |

　上記のすべての勘定口座の借方だけ、あるいは貸方だけを合計するとその金額は7,240円になります。

# 4 合計試算表の作成

まず試算表の基本である合計試算表を作成してみます。

この合計試算表は各勘定口座の左側の合計額と右側の合計額を集計して金額を記入します。

金額が借方、貸方にひとつしかないものはその金額をそのまま記入してください。

左頁の例によりまず合計試算表を作成してみましょう。

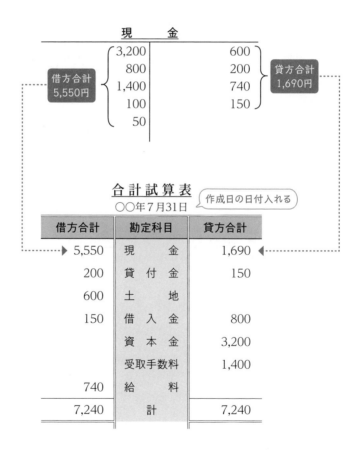

# 5 残高試算表の作成

　今後簿記の問題では試算表を基礎にして資料が与えられているケースがたくさんあります。

　このときにもっともポピュラーな試算表がこの残高試算表です。

　この残高試算表には各勘定口座の左側、右側のいずれか多い方の金額の差額だけを計上します。

　P.094の勘定口座を参考にして残高試算表を作成してみましょう。

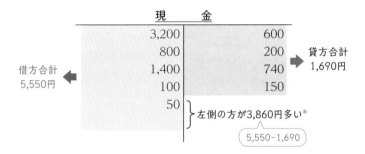

**現　金**

| | |
|---|---|
| 3,200 | 600 |
| 800 | 200 |
| 1,400 | 740 |
| 100 | 150 |
| 50 | |

借方合計 5,550円

貸方合計 1,690円

左側の方が3,860円多い※
（5,550-1,690）

**残 高 試 算 表**
○○年7月31日　作成日の日付入れる

| 借　　方 | 勘定科目 | 貸　　方 |
|---|---|---|
| ※ 3,860 | 現　　　金 | |
| 50 （200-150） | 貸　付　金 | |
| 600 （借方にこれだけ） | 土　　　地 | |
| | 借　入　金 | 650 （800-150） |
| | 資　本　金 | 3,200 |
| | 受取手数料 | 1,400 （貸方はこれだけ） |
| 740 | 給　　　料 | |
| 5,250 | 計 | 5,250 （合計試算表とは違う金額!!） |

# **6** 合計残高試算表の作成

　この合計残高試算表は、合計試算表と残高試算表を合体させたものです。

　下記の試算表の内側が合計試算表に、外側が残高試算表になっていることを確認してください。

　なお、この合計残高試算表は今後ほとんど目にすることはありません。

　P.094の勘定口座を参考にして合計残高試算表を作成してみましょう。

## 合計残高試算表
○○年7月31日

| 借　方 | | 勘定科目 | 貸　方 | |
|---|---|---|---|---|
| 残　高 | 合　計 | | 合　計 | 残　高 |
| 5,550-1,690 ▷ 3,860 | 5,550 | 現　　　金 | 1,690 | |
| 200-150 ▷ 50 | 200 | 貸　付　金 | 150 | |
| 600 | 600 | 土　　　地 | | |
| | 150 | 借　入　金 | 800 | 650 ◁ 800-150 |
| | | 資　本　金 | 3,200 | 3,200 |
| | | 受取手数料 | 1,400 | 1,400 |
| 740 | 740 | 給　　　料 | | |
| 5,250 | 7,240 | 計 | 7,240 | 5,250 |

残高試算表 ┈ 　合計試算表の結果 ┈ 　P.096参照

# 7 試算表の作成時期

　試算表は取引仕訳が正しく元帳の勘定口座に転記されているかどうか
を点検するために作成します。

$$\boxed{\text{取引仕訳の合計額}} \quad = \quad \boxed{\text{合計試算表の合計額}}$$

　仕訳の転記の正否は合計試算表で点検できます。
　残高試算表では勘定口座の残高の総額が左側と右側で一致すること
により転記が正しく行われたことが点検できます。

　さてこの試算表ですが、これはいつ作成するのでしょうか。
　試算表はいつでも作成することができます。
　したがって毎日、毎週末、毎月末、四半期(3ヵ月分)末、半期(6ヵ
月)末、また期末と必要に応じて作成し、これにより仕訳や転記が正し
く行われているかどうかを点検します。
　一般的に会社経理では1ヵ月に1回、月末に試算表を作成することが
多いようです。
　もちろん仕訳帳の合計額と試算表の金額が一致しなかったり、試算表
の左右の金額が一致しなければミスが発生していることになりますから
これを探さなければなりません。

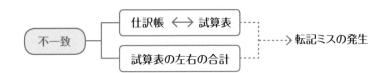

# 8 試算表の裏ワザ

試算表を作成する最大の目的は期中取引仕訳の転記が正しく行われているかどうかの点検のためです。

しかし実務ではもうひとつ大きな作成目的があります。

### ※実務の簿記

この実務というのは実際の会社で行われている簿記と考えてください。この実務上の簿記に対して皆さんがこれから勉強するのは学問上(受験上)の簿記です。

さて実務での試算表の作成目的は作成時点の利益の概算額の把握です。

転記の点検 ← 試算表の作成 → 利益の把握
―学習上の目的― ―実務上の目的―

前頁までで作成した合計、残高試算表は7月31日付で作成されています。たとえばこの試算表は4月1日から7月31日までの4ヵ月分の取引を集計したものとします。

これにより試算表の収益である受取手数料と費用である給料を比べると、その差額として利益が計上されているのがわかります。この金額は4ヵ月分の利益を示しています。

この利益の把握が実務で試算表を作成する本当の目的なのです。

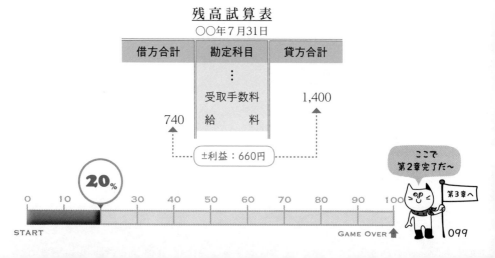

### 残 高 試 算 表
○○年7月31日

| 借方合計 | 勘定科目 | 貸方合計 |
|---|---|---|
| | ⋮ | |
| | 受取手数料 | 1,400 |
| 740 | 給 料 | |

±利益:660円

ここで
第2章完了だ〜

20%

0 10 20 30 40 50 60 70 80 90 100

第3章へ

🌟 チャレンジ問題

　下記の勘定口座に記入されている取引を参考にして、解答欄の残高試算表を作成してみましょう。なお各勘定口座の日付と相手勘定科目名称は省略しています。

(資料)

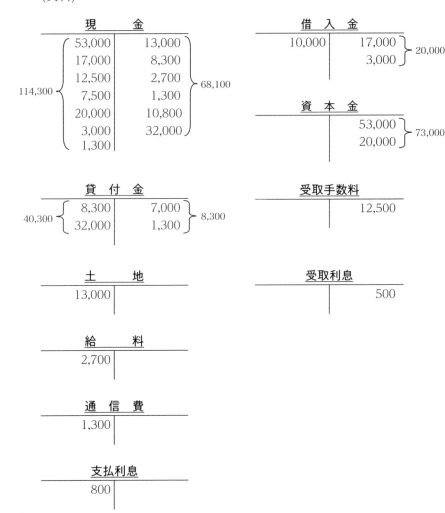

|  | 現　　金 |  |
|---|---|---|
| | 53,000 | 13,000 |
| | 17,000 | 8,300 |
| | 12,500 | 2,700 |
| 114,300 | 7,500 | 1,300 | 68,100 |
| | 20,000 | 10,800 |
| | 3,000 | 32,000 |
| | 1,300 | |

|  | 借　入　金 |  |
|---|---|---|
| | 10,000 | 17,000 |
| | | 3,000 | 20,000 |

|  | 資　本　金 |  |
|---|---|---|
| | | 53,000 |
| | | 20,000 | 73,000 |

|  | 貸　付　金 |  |
|---|---|---|
| 40,300 | 8,300 | 7,000 |
| | 32,000 | 1,300 | 8,300 |

| 受取手数料 | |
|---|---|
| | 12,500 |

| 土　　地 | |
|---|---|
| 13,000 | |

| 受取利息 | |
|---|---|
| | 500 |

| 給　　料 | |
|---|---|
| 2,700 | |

| 通　信　費 | |
|---|---|
| 1,300 | |

| 支払利息 | |
|---|---|
| 800 | |

**解答欄**

### 残 高 試 算 表

| 借　方 | 勘定科目 | 貸　方 |
|---|---|---|
| | 現　　金 | |
| | 貸　付　金 | |
| | 土　　地 | |
| | 借　入　金 | |
| | 資　本　金 | |
| | 受取手数料 | |
| | 受 取 利 息 | |
| | 給　　料 | |
| | 通　信　費 | |
| | 支 払 利 息 | |
| | 計 | |

**2** 記録の方法

**解　答**

### 残 高 試 算 表

| | 借　方 | 勘定科目 | 貸　方 | |
|---|---|---|---|---|
| 114,300−68,100 ⟩ **20** | 46,200 | 現　　金 | | |
| 40,300−8,300 ⟩ **10** | 32,000 | 貸　付　金 | | |
| | 13,000 | 土　　地 | | |
| | | 借　入　金 | **10** 10,000 | ⟨ 20,000−10,000 |
| | | 資　本　金 | **10** 73,000 | ⟨ 53,000+20,000 |
| | | 受取手数料 | 12,500 | |
| | | 受 取 利 息 | 500 | |
| **10** | 2,700 | 給　　料 | | |
| | 1,300 | 通　信　費 | | |
| | 800 | 支 払 利 息 | | |
| | 96,000 | ←**40**→ | 96,000 | |

神レベル
**100**

101

# 仕訳の重要性

　大学の経営学部や経済学部で1年生に簿記の講義を1年間30回担当して、期末試験で現金が増えたとき、減ったときに借方、貸方のどちらで側で仕訳するのかが解答できない学生がたくさんいます。大学ですから、これは簿記に限らないことですが現在の大学の現状です。

　さてChapter 2の学習が修了した皆さんの現状はどうでしょう。ある程度の仕訳は正しくできるでしょうか。仕訳がまだいま一歩だという方は下記のことに念頭においてその方法を理解してください。

## STEP 1　貸借対照表と損益計算書の計上項目

　貸借対照表と損益計算書の左右には、それぞれ資産から収益までの5項目が計上されていました。そしてこれらはそのポジションが決まっていました。野球ならピッチャーはどこに位置するのかは誰にでもわかります。

　とくに5項目といっても貸借対照表の右側の純資産はほとんど出てきませんから、実際に必要なのは左側の資産と費用、また右側の負債と収益の4項目です。まずはこのポジションをはっきり頭の中でイメージでき問題文から瞬時に左、右と判断できるようにしてください。

## STEP 2　現金勘定の借方と貸方

　簿記の取引の基本は、現金をもらったり払ったりしたことを記録することです。このChapter 2でも取引はほぼ現金の収支により行っていました。

　そこで仕訳をするときには、現金が増えれば左側、現金の支払いをすれば右側としてまず計上し、それから相手の勘定科目を考えるようにして仕訳を組み立ててください。

　まずはこの現金の借方、貸方を感覚で処理できるようにするということが仕訳の基本ということになります。

## STEP 3　何度も仕訳する

　簿記の学習に限りませんが、学習は同じことを何度も繰返すことが知識習得のためには重要です。そのためには自分でメモ用などに何度も仕訳の練習をしてください。この先ですが税理士試験の簿記論や財務諸表論の学習をするようになっても、この自分で仕訳をするというのが学習の基本スタイルです。

　簿記は仕訳処理が基本と考えて、何度も繰返し練習するというが正しい学習方法であると理解しておいてください。

# Chapter

~ 第 3 章 ~

# 仕訳と勘定科目

### この章でマスターしてほしいこと

簿記では仕訳と呼ばれる処理に必ず勘定科目
が使用されます。

この章ではできるだけたくさんの勘定科目が
正しく仕訳処理できるように何度もその練習
をしてください。

# 勘定科目の学習

勘定科目は英単
語と同じだと心得
よ

## 1 学習するテーマ

　この章では取引仕訳に関する勘定科目を徹底的に学習することにします。

　この勘定科目について、また勘定科目の勉強をすることについて少々説明しておきたいと思います。

　勘定科目は総勘定元帳の中にそれぞれ設けられている各ページのタイトルのことでした。たとえばパソコンであればフォルダーの名称ということになります。

　つまり現金の増減なら現金のページを見れば日々の取引による増減内訳や残高がわかるようになっています。

　簿記ではこの総勘定元帳の各ページに記入するための準備として仕訳と呼ばれる方法で、取引を借方と貸方に勘定科目を用いて分類整理しました。

# 2 勘定科目の学習

勘定科目の勉強をするのは、英語の学習をすることをイメージすれば
単語を覚えるのと同じだと考えるといいかもしれません。

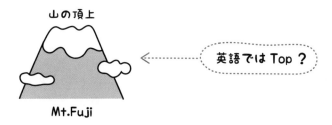

簿記でも同じようにある取引が発生した時には、これを示す特定の勘
定科目を使って仕訳をすることになります。

世の中で起こっていることはすべて英語で表現出来ますが、このため
には多くの単語や英文法を知らなければなりません。

同様に会社で発生するすべての取引は必ず仕訳をすることができま
す。つまり会社で発生した取引は仕訳により必ず記録に残すことができ
るということです。

そのためには発生した取引を理解して、正しい勘定科目を使用して仕
訳をしなければなりません。

私達はすでに前セクションで仕訳や元帳の基礎を学びました。次はど
のような取引でも仕訳できるようにするために勘定科目を学習すること
になります。

※山の頂上

　ちなみにですが山の頂上はsummitやpeakというのもあります。
　また自動車は、中古車でも新車でも車両運搬具、分割払いのローンは未払金という
勘定科目で仕訳します。

# **3** 取引場面をイメージする

　これから学習する勘定科目は取引の内訳(場面)により使用する勘定科目がだいたい決まっています。

　たとえば外国で店に買い物に行けば使うであろう単語や文章はだいたい想像出来ます。

　簿記でも同じように取引は文章で提示されますが、その文章から概ね使用する勘定科目は想像出来ます。

---

　営業用に中古乗用車を購入し、一部修理を行い頭金を現金で支払い、残額は24回払いの月賦にした。

**仕訳は？**

(車両運搬具) ×××　(現　　　金) ×××
　　　　　　　　　　(未 払 金) ×××

右側上が未払金、
下が現金でもOK

　このような取引では交際費だとか借入金というような勘定科目が出てくることは考えられません。

　とにかく何度も取引文章に触れているうちに仕訳は自然にできるようになりますから繰り返し仕訳練習をしてください。

---

# **4** 暗記する勘定科目の数

　本書でもここまでに現金等の勘定科目をいくつか紹介して、実際に仕訳も少しできるようになっているはずです。

　さらにこの第3章でもっとたくさんの勘定科目を勉強して、今後はその先の税理士試験の簿記論や財務諸表論で学習を継続することになります。

　こう考えると相当な数の勘定科目を覚えなければならないような印象を受けますが、公認会計士や税理士試験でも知っておくべき勘定科目は300科目程度です。

　ちなみに一流大学受験のためには7,000語程度の英単語の知識が必要だと考えるとその数は非常に少ないことがわかります。

　またこの勘定科目ですが、実際に税理士の仕事を始めると使用する勘定科目は増えるどころか、逆に少なくなって100程度の勘定科目で売上何十億円という会社の取引処理をすることができます。

　まあこれは英語も同じで大学受験に必要な英単語と日常の英会話で使用する英単語の数を考えても同じ事が言えるかもしれません。

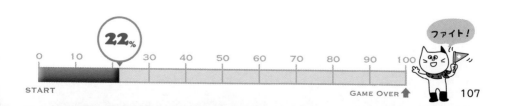

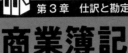

## **1** 商業簿記に関して

　実は簿記にも記帳する会社の業種などによりいくつかの種類があります。

　たとえばアイドルタレントをプロデュースして年間何十億円も儲けている会社と自動車を作って販売して同じような売上を上げている会社では簿記の方法が異なるということです。

　一番よく比較される簿記が物を仕入れて売るだけで儲けている会社と自分の会社で物を作って、これを売って儲けている会社の簿記があります。前者は商業簿記という方法で、また後者は工業簿記という方法で記帳が行われます。

　もちろんこれ以外にも銀行で行われる銀行簿記や農業関係者が行う農業簿記、また皆さんが通っていた大学などでは学校簿記という簿記によりそれぞれ記帳が行われています。

　ただ税理士試験の受験では主に商業簿記の知識を必要とします。

　したがって本書でもこれから学習する内容は商業簿記の基本的内容だと考えてください。

# 2 商業簿記が記録するもの

　商業簿記は物を売っている会社が、その儲けを記録するための簿記です。

　この物を売っているということをもう少し正確に考えるとまず、販売するための物を他から購入します。この購入のことを仕入と呼び、また販売を目的に購入した物のことを商品といいます。

　またこの販売のために購入した物、正確に表現すれば外部から仕入れた商品をお客さんに販売します。この商品の販売は売上と呼びます。

　この仕入また売上は、すべて商業簿記における専門用語であると同時に勘定科目でもあります。

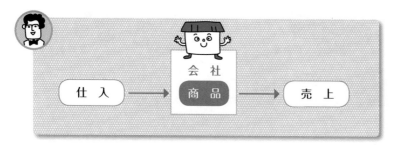

　商業簿記はこの商品の仕入と売上という取引を業務の中心と考え、これに関連する取引を記帳することになります。

　当然のことですが会社は、商品の仕入や売上以外にも従業員に給料を支払ったり、商品売買以外にも若干の儲けのある取引などもしていることが考えられます。したがってこれらもすべて商業簿記という領域の中で記帳することになります。

　実は商業簿記の学習では商品の仕入や売上の取引処理は簡単で、それ以外の取引について学習することの方が大変だというのが事実です。

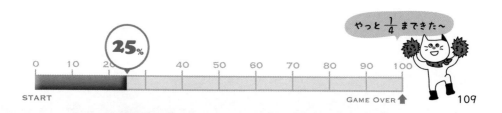

# 商品売買

## 1 商品の仕入

　会社が販売を目的にして物を購入することを、商品の仕入と呼びました。会社ではこれにより財産として商品を入手しますが、この商品の種類は会社によりそれぞれ異なります。

　簿記ではこの商品はどんなに価値が高いものでも、またどんな種類であってもすべて仕入という費用勘定を用いて処理します。

　商品という財産なのに資産と考えずに費用として考えるところに特徴があります。

　この商品を費用として計上する理由は後ほど商品の販売と関係させて説明します。

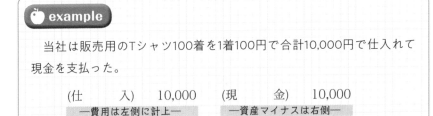

**example**

　当社は販売用のTシャツ100着を1着100円で合計10,000円で仕入れて現金を支払った。

| (仕　　　　入) | 10,000 | (現　　　金) | 10,000 |
| :--- | :--- | :--- | :--- |
| ―費用は左側に計上― | | ―資産マイナスは右側― | |

# **2** 商品運搬費用の取扱い

　商品を購入する際には、その運搬のために運送費などが発生するのが普通です。

　皆さんも直接店舗でゲーム等を買うのではなく、インターネット等で購入する場合には、商品代金の他に送料を別に支払うこともあるはずです。

　簿記では商品を仕入れるときに発生する送料のような諸費用を付随費用と呼び、仕入れた商品の金額に加算して考えることになっています。これは簿記上のルールです。

Look!

商品仕入金額 ＝ 商品本体価格 ＋ 送料等

**※消費税の取扱**

　現在物を買うと消費税を別途支払います。しかしこの消費税は付随費用の中には入りません。この消費税は別の勘定科目で処理します。

　なおこの消費税の取扱は、税理士の本格的な簿記の学習を始めたら改めて説明します。

　さて、この商品の送料等をなぜ仕入の金額とするのかについて、ルールといえばルールなのですが、きちんとした理由があります。

　しかしこれも商品の販売と関係させて次のセクションで説明します。

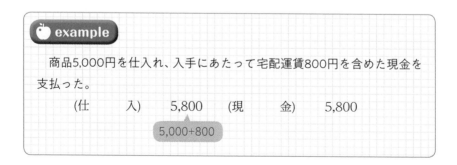

🍎 **example**

　商品5,000円を仕入れ、入手にあたって宅配運賃800円を含めた現金を支払った。

| (仕　　　　入) | 5,800 | (現　　　金) | 5,800 |
|---|---|---|---|

5,000+800

# 3 商品の売上

会社が仕入れた商品は必ず販売して儲けます。

儲けるためには当然仕入れた金額より高い金額で販売しなければなりません。

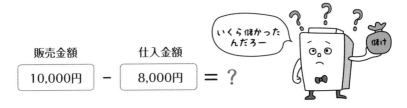

さて会社では商品が販売されたときには、販売した金額をそのまま売上という勘定科目を使って収益に計上します。

この時に上記のイラストであれば2,000円がこの商品売買による実質的な儲けになりますが、この金額は仕訳などでは無視してしまいます。

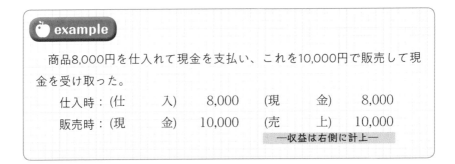

この売上を販売金額総額で計上する理由を説明します。

これは商品の入手時に仕入という費用を計上したり、同時に商品の入手時に発生した送料を仕入の金額に含めたこととも関係があります。

# **4** 費用と収益を対応

簿記での儲けである利益の計算方法、そのための算式を覚えているでしょうか。

簿記におけるこの収益や費用というのは総額として全体として考えることを基本とします。

この算式の意味は収益である売上であれば実質的な儲けは無視して販売された金額を、また費用であればその仕入原価をそのまま計上するということです。

これが上記の公式では引き算(マイナスの算式)になっています。しかし別の見方をすれば収益と費用を対応させて、その差額を利益として考えようということなのです。

このことから商品の入手は事前に仕入として費用計上し、送料等の付随費用も仕入という費用の一部と考え、さらにこの商品が販売されればこれを収益である売上として計上して、両者の間に対応関係を持たせて利益を計上しようという簿記独特の思考によるものなのです。

Look!

費用収益対応の原則

この関係を簿記では非常に重要に考え、あえて**費用収益対応の原則**と呼んでいます。

3

仕訳と勘定科目

# 5 ツケによる商品売買

物を買うときにカードを使って後で支払うということがあります。

会社でも商品売買のとき、その場で現金を受け渡しするのではなく後日決済することがあります。このような商品売買を掛取引と呼びます。

商品仕入時に代金を後日払いとすれば負債勘定の買掛金、商品販売時に代金を後日回収とすれば資産勘定の売掛金を計上します。

当然この代金は後で支払わなければならないし、回収することもできます。これは売買している両者に信用し合っている関係があるからで、掛取引を信用取引と呼ぶこともあります。

---

### 🍎 example

商品8,000円を仕入れ、代金は月末払いとした。また、月末にこの代金を現金で支払った。

仕入時：(仕　　　入)　　8,000　　(買　掛　金)　　8,000
　　　　　―費用は左側に計上―　　　　―負債のプラスは右側―

支払時：(買　掛　金)　　8,000　　(現　　　金)　　8,000
　　　　　―負債のマイナスは左側―　　　―資産のマイナスは右側―

---

### 🍎 example

商品10,000円を売上げ、代金は月末に回収することとした。また月末にこの代金を現金で受け取った。

販売時：(売　掛　金)　10,000　　(売　　　上)　10,000
　　　　　―資産のプラスは左側―　　　　―収益は右側に計上―

回収時：(現　　　金)　10,000　　(売　掛　金)　10,000
　　　　　―資産のプラスは左側―　　　　―資産のマイナスは右側―

---

# **6** 返品の処理

　売買した商品がサイズ違いや数量ミスなどで不要となることがあります。

　このような時には商品は売買済みですが返品することがあります。ただバーゲン品などはレジに「返品お断り！！」のポスターが貼ってあり返品を認めないこともあります。

　さて通常の商品売買の中でこの返品が発生したらどのような処理をしたらよいでしょうか。

　これは簡単です。売上と仕入に関する処理を取り消すだけです。

　ただ取り消すといっても消しゴムで消したり2本線で抹消するわけではありません。

**売上返品時**：~~(売　掛　金)　×××　　　(売　　　上)　×××~~

　仕訳の取り消しはすでに立っている仕訳の左右を逆の仕訳をすれば取引を取り消したことになります。下記「AAA」は売上金額と考えてください。

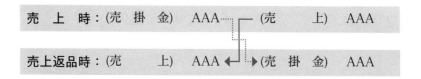

**売　上　時**：(売 掛 金)　AAA ┄┄┄ (売　　　上)　AAA

**売上返品時**：(売　　　上)　AAA ◀┄┄▶ (売 掛 金)　AAA

---

🍎 **example**

　昨日掛により仕入れた商品50,000円のうち3,000円が不要となったため返品し掛代金と相殺した。返品時の仕訳を示しなさい。

　　(買　掛　金)　　3,000　　(仕　　　入)　　3,000
　　─負債のマイナスは左側─　　─費用のマイナスは右側─

# **7** 値引の処理

　売買した商品に欠陥等があったことを理由にして売買代金の一部を控除することがあります。

　たとえば購入した2,000円のTシャツに少しミシン目のズレがあるので買った店に交換に行ったら代わりのTシャツがなく、代わりに500円だけ返金してくれたようなケースです。

　このときには、この代金をマイナスした部分を値引として売買処理した仕訳を相殺します。

　つまり前ページの返品と同じ処理をしてやることになります。

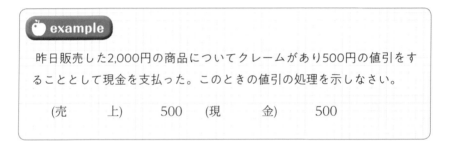

**example**

昨日販売した2,000円の商品についてクレームがあり500円の値引をすることとして現金を支払った。このときの値引の処理を示しなさい。

| (売 | 上) | 500 | (現 | 金) | 500 |

　このように考えると返品や値引は本来の仕入や売上の貸借を逆に処理するのでT字型の勘定に記入すれば下記のようになります。

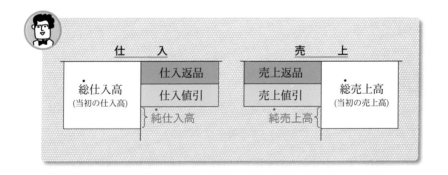

|     | 仕　　入 |     |     | 売　　上 |     |
|---|---|---|---|---|---|
| ·総仕入高<br>(当初の仕入高) | 仕入返品<br>仕入値引 |  | 売上返品<br>売上値引 | ·総売上高<br>(当初の売上高) |  |
|  | }純仕入高 |  | }純売上高 |  |  |

　この純仕入高や純売上高というのが会社の正式な仕入、売上の金額を示すことになります。

# 8 商品発送運賃

　商品を仕入れるときに送料等が発生したことと同じように、商品の販売のときにも発送運賃が発生することが考えられます。この発送運賃ですが、送料が無料のときには販売した会社が負担しているので費用として発送費を計上します。

　しかし買い手が負担するときには、運賃を買い手に代わって会社が一時的に立て替えなければなりません。このときには後から立て替えた分を返してもらうことになるので、この運賃を資産として立替金や売掛金の中に含める処理を行います。

---

🍎 **example**

　商品10,000円を売上代金は翌月末に回収することにした。なお、この商品発送に際して運賃600円を現金で支払った。

(1)　運賃を当社で負担した場合

|  |  |  |  |
|---|---|---|---|
| (売　掛　金) | 10,000 | (売　　　上) | 10,000 |
| (発　送　費) | 600 | (現　　　金) | 600 |

　　　　　—費用の計上—

(2)　運賃は一時的立替として支払い、立替金を計上した場合

|  |  |  |  |
|---|---|---|---|
| (売　掛　金) | 10,000 | (売　　　上) | 10,000 |
| (立　替　金) | 600 | (現　　　金) | 600 |

　　　　　—資産のプラスは左側—

(3)　運賃は一時的立替として支払い、売掛金に含める場合

|  |  |  |  |
|---|---|---|---|
| (売　掛　金) | 10,600 | (売　　　上) | 10,000 |
|  |  | (現　　　金) | 600 |

　　　右側上下逆でもOK

# **9** 手付金等の取扱い

　新発売のゲームソフトや洋服を買うときに発売前に予約金を支払って手に入れた経験はありませんか。

　さて今度はこの予約金(手付金)等を、売る側と買う側でやり取りしたときのこと、またこの後で実際に商品の受け渡しがあった取引を考えてみます。

　この予約金は支払った買い手側では資産として前払金勘定を、また受け取った売り手側では負債として前受金勘定を計上します。

買い手側　前払金　資産　──予約金支払──→　売り手側　前受金　負債

---

🍎 **example**

　月末に商品10,000円の売買を前提にして予約金2,000円を現金で受け渡した。

買い手側：(前　払　金)　　2,000　　(現　　　　金)　　2,000
　　　　　　──資産のプラスは左側──

売り手側：(現　　　　金)　　2,000　　(前　受　金)　　2,000
　　　　　　　　　　　　　　　　　　　　──負債のプラスは右側──

---

🍎 **example**

　月末になり上記の10,000円の商品を売買し、残額8,000円は掛とすることにした。

買い手側：(仕　　　　入)　10,000　　(買　掛　金)　　8,000
　　　　　　　　　　　　　　　　　　　(前　払　金)　　2,000
　　　　　　　　　　　　　　　　　　　──資産のマイナスは右側──

売り手側：(売　掛　金)　　8,000　　(売　　　上)　10,000
　　　　　　(前　受　金)　　2,000
　　　　　　──負債のマイナスは左側──

---

# 10 相殺という考え方

　友人との間で貸したお金と借りたお金を相殺してしまい、借金をチャラにした経験はありませんか。

　ここまで説明した仕訳の中で2つの仕訳により、ある勘定科目を相殺してゼロにしてしまうという処理をしています。

　たとえば左頁の前払金勘定でこの相殺のことを考えてみます。

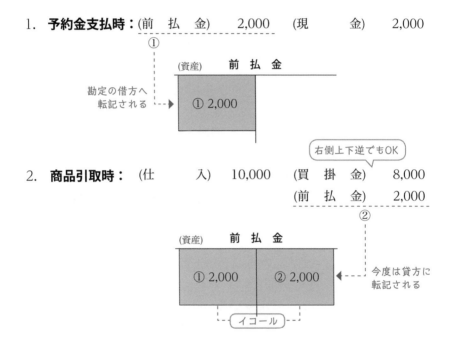

1. **予約金支払時：**(前　払　金)　2,000　(現　　　金)　2,000

2. **商品引取時：**(仕　　　入)　10,000　(買　掛　金)　8,000　(前　払　金)　2,000

　簿記では、勘定の上でこのように左側(借方)と右側(貸方)の金額が同額になったときには前払金という資産勘定の残高はゼロになったとしてその存在が消えてしまうことになりこれを相殺消去したと考えます。

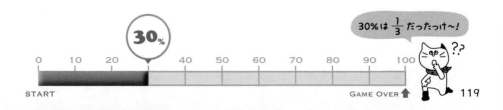

30%は 1/3 だったっけ〜！

 チャレンジ問題

下記に示す商品売買に関する取引の仕訳を示しなさい。

1 商品50,000円を仕入れ、代金は翌月末に支払うことにした。なお、仕入に際して引取運賃800円が発生したが、これは現金で支払った。

2 来月当社で新製品を販売するので、本日その予約を開始したところ購入の申込があり、予約金を現金で30,000円受け取った。

3 得意先に商品80,000円を発送した。この時に運賃500円が発生し当社ではこれを現金で立替払いした。この売上代金と立替運賃は売掛金として当月末に回収する。

4 先月販売した商品についてA品5,000円は返品、B品3,000円はクレームによる値引としてそれぞれ掛代金と相殺することにした。

5 本日月末であるため今月分の商品売買に関する売掛金43,000円と買掛金28,000円がそれぞれ現金による決済が行われた。

6 先月末に商品購入に関する手付金として10,000円を現金で支払い前払金としていた。本日この商品50,000円を入手し代金のうち40,000円は掛とし、残額10,000円は前払金と相殺することにした。

### 解答欄

|   | 借 方 | | 貸 方 | |
|---|---|---|---|---|
|   | 勘定科目 | 金　額 | 勘定科目 | 金　額 |
| 1 | | | | |
| 2 | | | | |
| 3 | | | | |
| 4 | | | | |
| 5 | | | | |
| 6 | | | | |

### 解 答

支払運賃は仕入加算！

1. （仕　　　入）　50,800　（買　掛　金）　50,000 ⑳
　　　　　　　　　50,000+800　（現　　　金）　　　800

2. （現　　　金）　30,000　（前　受　金）　30,000 ⑩
　　　　　　　　　　　　　　　負債プラスは右側

3. （売　掛　金）　80,500　（売　　　上）　80,000 ⑳
　　　　　　　運賃も含めて計上　（現　　　金）　　　500

4. （売　　　上）　8,000　（売　掛　金）　8,000
※本問のようなときは合計で仕訳しても別々に仕訳をしても正解です。

5. （現　　　金）　43,000　（売　掛　金）　43,000 ⑳
　　（買　掛　金）　28,000　（現　　　金）　28,000

6. （仕　　　入）　50,000　（前　払　金）　10,000 ㉚
　　　　　　　　　　　　　　（買　掛　金）　40,000

神レベル
⑧⓪ 以上

3
仕訳と勘定科目

# 現金と当座預金

## 1 現金勘定

現金という勘定科目はこれまでの説明の中でもたくさん出て来ました。ここでは現金という勘定科目について、具体的な内容を考えてみたいと思います。

そうはいっても現金といえば皆さんのサイフの中に入っているお金の1,000円札や100円玉が現金そのものであり、他に現金があるのが不思議に思うかもしれません。

簿記では皆さんのサイフの中に入っているお金を通貨と呼び、この通貨以外の証券などでも銀行や郵便局へ持っていけばすぐにお金と交換してくれるものも現金勘定として取り扱い、これを通貨代用証券と呼びます。

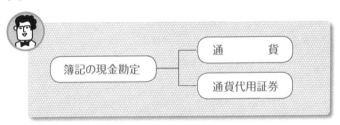

簿記の現金勘定 ─ 通 貨 / 通貨代用証券

この通貨代用証券の代表がお客さんから売掛金の回収などとして受け取った小切手があります(他社振出小切手)。

この小切手は次のセクションで出てきますが、まず他社振出小切手を受け取ったときは借方で現金を計上することをマスターしてください。

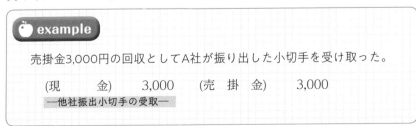

🍎 example

売掛金3,000円の回収としてA社が振り出した小切手を受け取った。

(現　　金)　3,000　(売　掛　金)　3,000
　─他社振出小切手の受取─

# 2 通貨代用証券

簿記では現金勘定で処理する通貨代用証券には、さらに下記のような証券等があります。

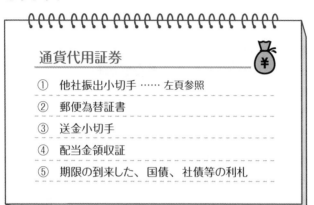

**通貨代用証券**

① 他社振出小切手 …… 左頁参照
② 郵便為替証書
③ 送金小切手
④ 配当金領収証
⑤ 期限の到来した、国債、社債等の利札

上記のような証券類は銀行等に持参すれば即現金にできるという理由で簿記では現金勘定で処理することになっています。

ただし、学習上は他社振出小切手を除いてほとんどありません。税理士の学習を本格的に始めても取り扱われるものはほんのわずかです。したがって今回は郵便為替証書などその名称だけを紹介しておきます。

もし具体的にどのようなものなのかを知りたければインターネットで検索して内容を調べてください。

通貨代用証券
他社振出小切手
誰かから小切手をもらった
ときは現金で処理する

小切手
銀行ですぐ
現金になるのか～

## ✪チャレンジ問題

　下記の取引が発生したとき、その仕訳を転記すれば現金勘定の借方、貸方のどちら側に記入されますか。借方なら(A)、貸方なら(B)を解答欄に記入しなさい。

 指令

　直接A、Bを考えるのではなく、メモ用紙にまず仕訳をしてから入金Aか支払Bかを考えましょう。

A・B

1. (　　　　) 商売を始めるにあたり社長が現金1,000,000円を資本金として会社に提供した。

2. (　　　　) 商売で使用するためのトラック200,000円を購入し現金を支払った。

3. (　　　　) 取引先より顧客を紹介したお礼として手数料50,000円を取引先振出の小切手で受取った。

4. (　　　　) 当月分の水道代20,000円を現金で支払った。

5. (　　　　) 取引先から依頼があったために現金80,000円を貸し付けることにした。

6. (　　　　) 資金が不足しているため銀行から現金20,000円を借り入れた。

7. (　　　　) 上記5. の取引先に貸し付けた現金80,000円とこの利息1,000円の合計81,000円の現金を受け取った。

## 解答欄

| 1 | 2 | 3 | 4 | 5 | 6 | 7 |
|---|---|---|---|---|---|---|
|   |   |   |   |   |   |   |

## 解 答

**20** 1. ( A )： (現　　　金) 1,000,000　(資　本　金) 1,000,000

**20** 2. ( B )： (車　　　両)　200,000　(現　　　金)　200,000
　　　　　　　└ 車両運搬具勘定でもよい ┘　　　└ 支払手数料と区別するため受取を付けること ┘

　　　3. ( A )： (現　　　金)　 50,000　(受取手数料)　 50,000
　　　　　　　└ 他社振出小切手 ┘

**20** 4. ( B )： (水道光熱費)　 20,000　(現　　　金)　 20,000
　　　　　　　└ 電気代、水道代、ガス代の科目 ┘

**20** 5. ( B )： (貸　付　金)　 80,000　(現　　　金)　 80,000

　　　6. ( A )： (現　　　金)　 20,000　(借　入　金)　 20,000

**20** 7. ( A )： (現　　　金)　 81,000　(貸　付　金)　 80,000
　　　　　　　　　　　　　　　　　　　(受　取　利　息)　　1,000
　　　　　　　　　　　　　　　　　　　└ 支払利息と区別するため受取を付けること ┘

神レベル **80** 以上

# 3 当座預金口座

　皆さんの中には実家からの仕送りやお年玉を貯金していたり、アルバイト先から給料を振り込んでもらうために銀行に**普通預金**の口座を持っているという方もいるはずです。

　会社でももちろんこの普通預金口座があります。商品売買代金の振り込みや水道光熱費の引き落としなどがこの口座で行われます。

　会社は商売が上手くいって、その規模が少しずつ大きくなればこの預金残高も増えてくるし、振り込みをする頻度や金額も多くなります。このような会社の規模と取引高の拡大に伴い**当座預金**と呼ばれる口座を開設することが考えられます。

　この当座預金口座は会社に社会的信用がある場合に、**営業目的で開設する**預金口座であり、私達個人はこの当座預金を開設することは基本的にできません。

　当座預金は無利息の預金であり、その引き出しは下記の小切手を振り出すことにより行います。また当座預金の開設にあたっては会社は銀行に担保を提供しなければならず、これにより当座預金の残高を超えて小切手の振出をすることができます。

---

### 🍎 example

　小切手に必要事項を記入して、これを相手に引渡すまでの一連の行為を小切手の振出と呼びます。下記の小切手は当社(東京商店)が奈良商会の仕入代金100,000円を支払うために振出した小切手です。

**※本券と控**
　小切手の左側にミシン線が入っています。ここを切り取って右側の方(本券)を支払先に渡します。左側は、振り出した小切手の控ということになります。

# 4 当座預金勘定

当座預金口座は預金残高があれば資産として考えることができます。したがってこれを当座預金勘定で処理します。

当座預金勘定は、現金等を預け入れたり、売掛金等の払込入金があれば借方で増加します。また逆に買掛金支払等で小切手の振出をすれば貸方で減少します。

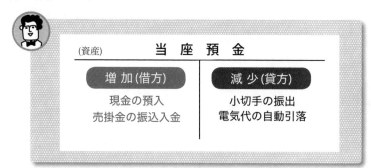

|（資産） | 当 座 預 金 | |
|---|---|---|
| 増 加（借方）| | 減 少（貸方）|
| 現金の預入<br>売掛金の振込入金 | | 小切手の振出<br>電気代の自動引落 |

**3**
仕訳と勘定科目

> **example**
>
> 手持ちの現金50,000円を当座預金に預け入れた。
>
> （当 座 預 金）　50,000　（現　　　金）　50,000
> 　─資産プラスは左側─　　　─資産マイナスは右側─

上記のような処理を振替処理、あるいは振替仕訳と呼びます。簿記では相殺処理(仕訳)と同様に特徴のある処理です。これについては後ほど説明します。

> **example**
>
> 仕入代金(買掛金)30,000円を支払うために小切手を振り出した。
>
> （買　掛　金）　30,000　（当 座 預 金）　30,000
> 　─負債マイナスは左側─　　　─資産マイナスは右側─

# **5** 当座借越

　当座預金口座は預金残高がゼロでも当座預金口座開設時に銀行と契約した金額までであれば小切手を振り出すことができます。

　これは事前に会社が銀行に担保を提供しているからです。

　そして、この預金残高ゼロを割り込んで小切手の振出をした場合には、銀行が会社に代わって小切手の代金を立て替えて決済してくれることになり、会社は銀行からこの部分のお金を借りたことになります。

　簿記の処理ではこの当座預金残高を割り込んで借入した部分を負債である当座借越勘定で処理します。

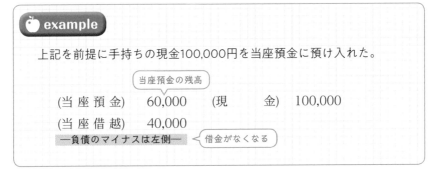

**🍎 example**

　買掛金50,000円を支払うために同額の小切手を振り出した。ただし本日の当座預金残高は10,000円であった。なお当社は銀行との間で100,000円を限度として借越ができる契約をしていた。

これで預金残高ゼロ

| (買　掛　金) | 50,000 | (当 座 預 金) | 10,000 |
|---|---|---|---|
| | | (当 座 借 越) | 40,000 |

―負債のプラスは右側―

　当座借越をしている時に、次に当座預金への入金があればまずこの借金である当座借越を返済することになります。

**🍎 example**

　上記を前提に手持ちの現金100,000円を当座預金に預け入れた。

当座預金の残高

| (当 座 預 金) | 60,000 | (現　　　金) | 100,000 |
|---|---|---|---|
| (当 座 借 越) | 40,000 | | |

―負債のマイナスは左側― ＜ 借金がなくなる

# **6** 振替仕訳

　銀行振込という手続を知っていますか。

　たとえばアルバイト先の銀行口座から、アルバイト代がみなさん自身の預金口座へ入金するような手続を振込、銀行振込といいます。

　言葉は少し似ていますが、簿記には振替という用語があり、仕訳の時に非常によく使われます。

　たとえば手持ちの現金50,000円を当座預金に預け入れたとします。(P.127　example参照)

　まず現金勘定を見てください。

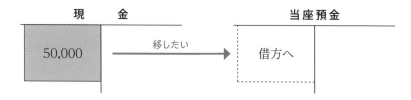

　これを当座預金勘定に振り替えるのですから勘定の上では下記のようになります。

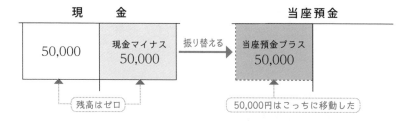

　これを仕訳すれば下記の振替仕訳を行ったことになります。

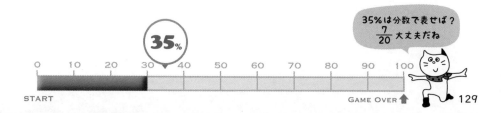

 チャレンジ問題

下記に示す取引の仕訳をやってみましょう。

1　以前から取引のある当社のメインバンクであるみそら銀行に当
　　座預金口座を開設することになり、会社の金庫の中にある現金
　　50,000円を当座預金として預け入れた。

2　商品30,000円をA社より仕入れ、代金を掛としていた。本日こ
　　の掛代金を支払うために同額のA社宛小切手を振り出した。

3　売掛金350,000円の回収としてB社より150,000円、C社より
　　200,000円の小切手を受け取り、B社の小切手150,000円はた
　　だちに当座預金口座に預け入れるために銀行に持参したが、C
　　社分200,000円は会社の金庫の中で保管している。

4　仕入先であるD社の買掛金600,000円を決済するために小切手
　　を振り出した。
　　ただし当社の本日の預金残高は350,000円しかない。このよう
　　な時のために当座預金口座を開設した直後にみそら銀行と借入
　　限度額を1,000,000円として当座借越契約を締結している。

5　上記4. の翌日、E社より売掛金400,000円の回収として当座預
　　金口座への振込入金があった。

6　仕入先に対する買掛金200,000円を支払うことにしたが、社内
　　に上記3. でC社から受け取って本日まで金庫で保管していた小
　　切手200,000円があるのでこの小切手を仕入先のF社に引き渡
　　した。

## 解答欄

|   | 借　方 | | 貸　方 | |
|---|---|---|---|---|
|   | 勘定科目 | 金　額 | 勘定科目 | 金　額 |
| 1 |   |   |   |   |
| 2 |   |   |   |   |
| 3 |   |   |   |   |
| 4 |   |   |   |   |
| 5 |   |   |   |   |
| 6 |   |   |   |   |

**3**
仕訳と勘定科目

## 解　答

1. （当 座 預 金）　50,000　（現　　　　金）　50,000

2. （買　掛　金）　30,000　（当 座 預 金）　30,000
　　　仕入ではないので注意　　　左側の上下関係は逆でもOK

3. （当 座 預 金）　150,000　（売　掛　金）　350,000 **30**
　（現　　　　金）　200,000
　　　他社振出小切手は現金　　　　　　　　これで当座預金残高はゼロ

4. （買　掛　金）　600,000　（当 座 預 金）　350,000
　　　　　　　　　60万円 - 35万円 ＞（当 座 借 越）　250,000 **20**
　　　　　　　　　　　　　　　　　　　―負債プラスは右側―

5. （当 座 借 越）　250,000　（売　掛　金）　400,000 **20**
　（当 座 預 金）　150,000　再び当座預金残高がプラスになる

6. （買　掛　金）　200,000　（現　　　　金）　200,000 **30**
　　　　　上記3. で左側に現金としている
　　　　　のでこれをマイナスにする

神レベル
**70** 以上

131

 第3章　仕訳と勘定科目

# 手形取引

ちょっと難しいかも
じっくりと読んで仕訳
をしよう

## **1** 手形とは何か

　手形という証券が売掛金や買掛金の決済をするときに使われることがあります。

　この手形というのは商品の買主側であり買掛金を計上している会社が、代金の支払期日、支払金額等を書いた証券を売主側に渡すことです。

　といっても手形をもらった方(上記図なら右側の売主側)は、この手形を銀行に持って行ってもすぐに現金にできるわけではありません。

　上記の手形であれば9月30日にならなければ換金はできません。

　そう考えれば手形を作って相手に渡しても即現金にならないのなら買掛金、売掛金である状態と変わらないことになります。

　しかしなぜこの手形が商取引で頻繁に使用されるのかといえば、それは9月30日に必ず換金できるということが保証されているからです。

　もし手形を作成して支払をしますといった会社が支払期日に手形代金の支払をできない時は不渡手形を発生させたとして全国の全ての銀行と取引ができなくなる銀行取引停止処分という厳しいペナルティーが待っています。

# 2 約束手形の振出し

　売掛金や買掛金は代金決済日をいくらでも延長できます。このため掛代金の決済が遅れてしまうことも多いため、この支払期日をきちんとさせる目的で手形が使用されるということです。

　さてこの手形には約束手形と為替手形の2種類があります。まずは商取引でもっぱら使用される約束手形の方から説明します。

　手形にも簿記独特の専門用語がたくさん出てきますから、そのひとつひとつを理解するようにしてください。

　さて手形というのは買掛金がある会社がその代金支払いを約束して一定の事項を記載して相手に渡します。この手形を作成して相手に渡すことを手形の振出と呼びます。また手形を作成した会社は手形を振り出しているので振出人、支払期日に手形の代金を支払うので支払人とも呼びます。

3 仕訳と勘定科目

 example

　神田物産(株)が丸の内商事(株)の買掛金100,000円を決済するため○○年8月10日に○○年9月30日を支払期日とする約束手形を振り出すと次のようになります。

| 収入印紙 | **約 束 手 形** | | |
|---|---|---|---|
| | 名宛人　　丸の内商事(株)殿 | 支払期日 | ○○年9月30日 |
| | **￥１００，０００**※ | 支 払 地 | 東京都千代田区 |
| | 上記金額をあなたまたはあなたの指図人へこの約束手形と引き換えにお支払いいたします。 | 支払場所 | 東京銀行新橋店 |
| | 平成○年8月10日<br>振出人　　神田物産(株)　　㊞ | | |

 example

　神田物産(株)の上記の約束手形振出時の処理をやってみます。

　　(買　掛　金)　100,000　　(支　払　手　形)　100,000
　　－負債マイナスは左側－　　　　－負債プラスは右側－

　上記の仕訳は買掛金100,000円を支払手形に振替えただけで本質的に借金が減ったことにはなりません。

# 3 約束手形の受取り

　売掛金のある会社は、現金を回収できる権利があります。ただこの売掛金がいつ回収できるのかという日付は確定していません。つまりお金を返してもらう権利はありますが、いつお金が返ってくるかはわからないということです。

　ところがお金はまだ返ってきませんが、手形を貰っておけばいつ、いくら回収できるかがはっきりします。

　つまり売掛金のままにしておくよりも手形という証券を貰っておけば回収が保証されるということです。

　前頁の約束手形を見てください。

　手形の上部には手形の代金を受け取ることができる、丸の内商事(株)という会社名が書いてあり、これを名宛人と呼びます。

　また右側には支払期日として換金が可能な日付が書いてあります。

　さらにその下の支払場所は振出人のメインバンクであり、手形代金を決済してくれる銀行名が書かれています。

　手形を貰うことにより将来手形代金を受け取ることができるため、手形を貰った会社を受取人とも呼びます。

> **🍎 example**
>
> 　丸の内商事(株)が売掛金100,000円の回収として前頁の神田物産(株)の振り出した約束手形を受け取った場合の処理をやってみます。
>
> 　(受 取 手 形)　100,000　　(売 掛 金)　100,000
> 　　ー資産プラスは左側ー　　　　ー資産マイナスは右側ー

　この取引も結局は売掛金という資産が、受取手形に振替えられたにすぎないことになります。

　ただ支払期日の9月30日に必ずこれが現金100,000円になるということに重要な意味があるということです。

# 4 手形の流れ

手形を保有している受取人である会社は、**支払期日**(実際には数日前)になれば自社の取引銀行に手形の換金を頼みます。これを手形の取立依頼と呼びます。

銀行はこの取立依頼があれば、支払人の取引銀行にこの手形代金の請求をして手形代金を回収することになります。

正式には、この受取人、支払人また銀行の間に**手形交換所**と呼ばれる機関が介入します。

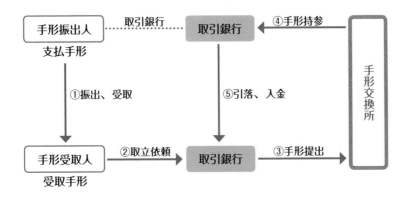

振出人は取引銀行の当座預金口座から支払期日に手形代金が引き落とされます。また受取人も取引銀行に取立依頼をした場合には当座預金口座に手形代金が入金されます。

つまり上記図の⑤引落、入金は相互の銀行で当座預金による入出金が発生するということです。

したがって簿記では通常、上記①振出、受取と⑤引落、入金を仕訳することになります。

# 5 手形代金の決済

手形の支払期日というのは手形取引では非常に重要です。

なぜなら手形の振出人(負債である支払手形を計上している会社)は手形の支払期日には当座預金口座に手形代金相当分のお金を用意しておかなければなりません。

もし、手形代金の決済ができなければ不渡手形を発生させたとして銀行との取引ができなくなる銀行取引停止処分というペナルティーが課されてしまいます。

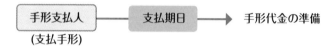

また手形を保有している会社(資産である受取手形を計上している会社)も支払期日までに手形代金取立てをきちんと行わなければ、支払期日後はこの手形の効力がなくなり代金の回収ができないことになってしまいます。

手形代金は双方の会社の当座預金口座での入出金になるので下記のような処理が行われます。

> ## 🍎 example
>
> 神田物産(株)が丸の内商事(株)に対して振り出した約束手形100,000円が9月30日の支払期日になり双方の当座預金口座で決済された。
>
> 神田物産: (支払手形) 100,000 (当座預金) 100,000
> (支払人)     ーこれで借金が消えるー
>
> 丸の内商事: (当座預金) 100,000 (受取手形) 100,000
> (受取人)                      ーこれにより借金回収が完了ー

掛取引により発生した売掛金と買掛金は手形を振出したとしても借金の増減の変化はありません。ところが上記の手形代金を決済すればこれで本当に借金は帳消しになり取引は完了したことになります。

# **6** 手形の裏書

手形が商取引で頻繁に用いられるのは支払期日がはっきりしているからです。

さらに手形が商取引で利用される大きな理由があります。

これは手形の譲渡性と呼ばれるものです。

手形の譲渡性とは、手形を保有している会社が自らの買掛金支払のために、この手形を仕入先に渡してしまうことができるということです。これは手形の裏面に必要事項を記載して行うので手形の裏書あるいは手形裏書譲渡と呼びます。

---

 **example**

約束手形50,000円を保有する(株)大阪興業が買掛金支払目的でこれを山梨商会(株)に裏書したとします。

```
┌─────────────────────────────┐
│ 表記金額を下記被裏書人またはその指図人 │
│ へお支払い下さい。            │
│ ○○年6月15日  拒絶証明書不要   │
│ 住所  大阪市淀川区中島1-3-3     │
│   (株)大阪興業    ⟨大阪印⟩   │
│                              │
│ (目的)                       │
│ 被裏書人 山梨商会(株)殿       │
│ 表記金額を被裏書人又はその指図人へ  │
│ お支払い下さい。             │
└─────────────────────────────┘
```

(株)大阪興業は手形を裏書して山梨商会(株)に渡しているので裏書人と呼び下記の処理を行います。

大阪興業: (買　掛　金)　　50,000　　(受　取　手　形)　　50,000
(裏書人)　　└買掛金はなくなる┘　　　　　　└保有する手形が消滅する┘

また手形を裏書により受取った山梨商会(株)を被裏書人と呼び下記の処理を行います。

山梨商会: (受　取　手　形)　　50,000　　(売　掛　金)　　50,000
(被裏書人)　　└手形を貰ったことを示す┘　　　　　└売掛金はなくなる┘

---

**3**

仕訳と勘定科目

### ★ チャレンジ問題

下記に示す取引の仕訳をやってみましょう。

1　A社へ商品100,000円を販売し20,000円はA社振出当社宛の小切手を受け取り、残額80,000円は掛とした。

2　上記掛代金80,000円の回収としてA社を振出人とし、当社を名宛人とする約束手形を受け取った。

3　本日上記約束手形の支払期日であり、銀行に取立依頼に出していたところ80,000円が当座預金口座に入金した。

4　B社より商品50,000円を仕入れた。代金の内10,000円は手付金としてすでに現金で支払済であり、当社では前払金として処理している。なお残額40,000円は月末に支払うことにした。

5　上記買掛金40,000円を支払うためにB社を受取人とするB社宛の約束手形を振り出した。

6　本日上記B社宛の約束手形40,000円の支払期日であったため同額が当座預金口座より引き落とされた。

参考　約束手形の○○宛という意味について理解しましょう。

### 解答欄

|   | 借　　方 | | 貸　　方 | |
|---|---------|---|---------|---|
|   | 勘定科目 | 金　　額 | 勘定科目 | 金　　額 |
| 1 | | | | |
| 2 | | | | |
| 3 | | | | |
| 4 | | | | |
| 5 | | | | |
| 6 | | | | |

### 解答

　仕訳問題には部分点はありません。左側、右側の勘定科目と金額がすべて合っていて正解です。

1.（現　　　金）　20,000　（売　　　上）　100,000
　（売　掛　金）　80,000

2.（受　取　手　形）　80,000　（売　掛　金）　80,000 **20**
　※売掛金という資産が減少して、再度受取手形という資産が増加する振替仕訳です。本当にお金が回収されるのは次の取引ということです。

3.（当　座　預　金）　80,000　（受　取　手　形）　80,000 **20**

4.（仕　　　入）　50,000　（前　払　金）　10,000
　　　　　　　　　　　　　（買　掛　金）　40,000 **20**
　※手付金の支払時に下記の処理がすでに行われています。
　　（前　払　金）10,000　（現　　　金）10,000

5.（買　掛　金）　40,000　（支　払　手　形）　40,000 **20**

6.（支　払　手　形）　40,000　（当　座　預　金）　40,000 **20**

神レベル
**80** 以上

# 7 手形の割引

　手形はさらに便利な使い方があります。それは支払期日前に取引銀行に持ち込むと若干の手数料は取られますが換金も可能ということです。これを手形の割引と呼びます。

　この手数料は金融用語では割引料、簿記では費用として手形売却損勘定を用いて処理をします。

 example

　保有する山梨産業(株)振出の約束手形100,000円(支払期日：9月30日)を本日8月12日に銀行で割り引いた。割引料1,000円(割引率年7.3%)を控除した残高が当社の当座預金口座へ入金した。

　　　(当 座 預 金)　99,000　　(受 取 手 形)　100,000
　　　(手 形 売 却 損)　1,000
　　　－ 費用は左側で計上 －

この割引料(手形売却損)の金額の計算方法を暗記しておいて下さい。

Look!

　　割引料 ： 手形金額 ✕ 割引率 ✕ $\dfrac{割引日数}{365日^{*}}$

**※分母の365日**
　分母365日は7.3%という割引率が年利率なので1年間の日数で計算します。

　割引日数は割引をした日、上記例なら8月12日から数えて、支払期日9月30日までの日数である50日を示します。このような期日の初日を入れて末日まで数える日数計算の方法を両端入計算と呼び、手形割引料を計算する場合の独特な方法です。

　上記の例では割引料は下記の方法で計算できます。

　　割引料：$100{,}000円 \times 7.3\% \times \dfrac{50日}{365日} = 1{,}000円$

# **8** 裏書、割引手形の決済

手形の裏書や割引を行うのは受取手形勘定を計上している手形の保有会社です。手形には必ず手形を作成した振出人(支払人)がいますが、この手形の裏書や割引が行われた時に仕訳は必要でしょうか。

このとき手形振出人には一切仕訳は必要ありません。手形振出人は支払期日まで貸方で負債勘定の支払手形勘定を計上したままです。

さて今度は支払期日になったらどうしたらいいでしょうか。このときは手形を保有する被裏書人は銀行に手形代金の取立依頼をします。

手形代金の支払をするのは常に振出人(支払人)です。したがって手形の振出人は当座預金と支払手形をマイナスする仕訳が必要です。

ここでちょっと考えて下さい。

この手形が決済される時、今度は手形を裏書をした中間の裏書人には仕訳が必要でしょうか。

仕訳をするのは両側の振出人と被裏書人だけです。

裏書人は手形を裏書した時点で受取手形をマイナスさせる処理が完了しているので、手形決済時には仕訳はありません。

**3**
仕訳と勘定科目

### ✪チャレンジ問題

　下記に示す取引の仕訳をしてみましょう。問題ができても必ずもう一度割引料の計算方法を点検しておきましょう。

1　5月25日にA社の商品250,000円を売り上げて代金は掛とした。

2　6月20日にA社より売掛金の回収としてA社振出、当社宛の約束手形100,000円(支払期日8月20日)と同じく150,000円(支払期日9月20日)の2枚の手形を受け取った。

3　上記手形のうち支払期日8月20日の約束手形100,000円を7月22日に銀行で割り引いた。割引料は年3.65%として計算し、その残額が当社の当座預金口座に入金された。

4　上記2. の約束手形150,000円をB社に対する買掛金を決済するために8月31日にB社へ裏書譲渡した。

5　8月20日になり銀行で割り引いた手形が無事決済された連絡が銀行からあった。

6　9月20日になりB社より同社へ裏書した約束手形が無事に決済された連絡を受けた。

参考　問題2. で受け取った2枚の手形は3. 以降で次のようになっています。

A社振出約束手形
6/20: 250,000円 ┬→100,000円 … 7/22: 割引 → 8/20: 決済
　　　　　　　　 └→150,000円 … 8/31: 裏書 → 9/20: 決済

## 解答欄

|   | 借　方 | | 貸　方 | |
|---|---|---|---|---|
|   | 勘定科目 | 金　額 | 勘定科目 | 金　額 |
| 1 | | | | |
| 2 | | | | |
| 3 | | | | |
| 4 | | | | |
| 5 | | | | |
| 6 | | | | |

**3** 仕訳と勘定科目

## 解　答

1. （売　掛　金）　250,000　（売　　　上）　250,000 ⑩

2. （受　取　手　形）　250,000　（売　掛　金）　250,000 ㉚

   ※解答方法
   　解答欄が2行分用意してあるので100,000円と150,000円を別々に仕訳し
   ても正解です。しかし本問のように同じ仕訳を2回するなら合計して
   250,000円で仕訳するほうが理想的です。

3. （当　座　預　金）　99,700　（受　取　手　形）　100,000 ㊵
   （手　形　売　却　損）　300

   ※手形売却損
   手形売却損は割引をした7月22日から8月20日までの両日(両端入)を入れて
   計算しなければなりません。手形を受取った6月20日からの計算ではない
   ので注意すること。
   手形売却損：100,000円×3.65%× $\frac{30日}{365日}$ (7/22 ～8/20)＝300円

4. （買　掛　金）　150,000　（受　取　手　形）　150,000 ⑳

5. 仕訳なし
6. 仕訳なし
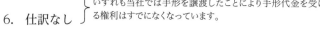
いずれも当社では手形を譲渡したことにより手形代金を受け取
る権利はすでになくなっています。

神レベル
⑧⓪ 以上

# 9 為替手形とは

　現在国内ではほぼ使用されていない手形について説明をしておきます。

　この手形は一般的に用いられる約束手形に対して為替手形と呼ばれる手形です。

　なぜ使用されていないこの為替手形を説明するのかといえば、税理士試験に出題される可能性がゼロではないからです。

　ただ今は入門段落であまりこの為替手形をあれこれと説明すると簿記全体が難しくなってしまうので、ここでは簡単な解説をするだけにしておくことにします。

　さて簡単にこの為替手形のことを説明しますが、皆さんのまわりでこんなことをイメージして下さい。

---

🍎 **example**

　たとえば皆さんがAさんから1,000円借りていて返さなければならないと考えている時にAさんから「1,000円は僕じゃなくてBに返してやってくれる?」と頼まれたとします。

　皆さんはこのAさんのお願いをYesと返事をするか、それともNoとして断るでしょうか。

　答えはYesでしょう。皆さんはAさんにでもBさんにでもとにかく1,000円を返せば借金はなくなることになります。

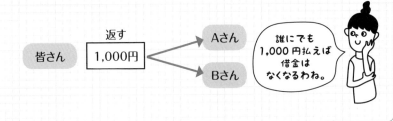

---

　これを皆さんでなく当社と考えて為替手形に置き換えて仕訳にしてみたいと思います。

# 10 為替手形の概略

為替手形は簿記では非常に珍しいのですが取引関係者3社により行われる取引です。

取引はこれまで、またこれからも2社間の相対関係で行われます。しかし為替手形ではこれが3社の関係になるのでやや複雑です。

この3社は次のような関係になります。

---

### 前提条件

1. A社はB社に対して売掛金があり、同時にC社には支払わなければならない買掛金がある。つまりA社は債権と債務の両方がある。

2. B社はA社に買掛金があり、A社への支払に代えてC社への支払の同意をA社に求められたので為替手形にサインする(これを引受の呈示、また引受と呼ぶ)。

3. C社はA社に売掛金があるが、A社からお金を回収するのではなくB社が支払をするという手形を受取る。

---

**3**

仕訳と勘定科目

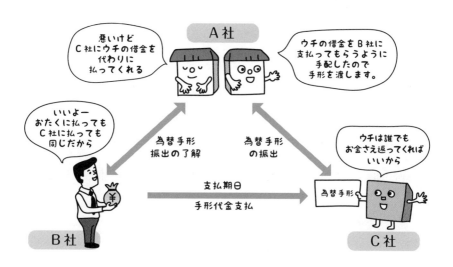

# 11 為替手形の考え方

　為替手形は約束手形と同様にまずその振出から順番に考えなければなりません。

　ここで為替手形振出時の前提条件をよく理解しておくことが重要です。

　それは為替手形振出人(作成者)は自ら売掛金と買掛金の両方があることです。そして、この為替手形の振出はこれを相殺するための取引なのです。

> **為替手形振出時の仕訳（振出人）** … 前頁A社
>
> 　(買　掛　金)　×××　　(売　掛　金)　×××

　上記の仕訳では手形を振出しているのに支払手形勘定が計上されていないことに注目してください。

　なぜ支払手形勘定が計上されないのか。それはこの為替手形は振出人(作成者)とは別に支払人が存在するからです。

　この為替手形の支払いをする会社は前頁であれば左下のB社です。為替手形の振出人がこの手形代金の支払に関する同意(了承)を求めることと、そして同意することを法律用語で引受呈示と引受と呼びます。

　これにより手形引受人に支払手形勘定が計上されます。

> **為替手形引受時の仕訳（引受人）** … 前頁B社
>
> 　(買　掛　金)　×××　　(支　払　手　形)　×××

　為替手形を受け取る者(前頁のC社)は単に受取手形を計上するだけです。

> **為替手形受取の仕訳　（受取人）** …前頁C社
>
> 　(受　取　手　形)　×××　　(売　掛　金)　×××

# 12 為替手形の会計処理

為替手形はその振出、引受、また受取のすべてに会計処理が発生します。今回は初めての学習なので、3社を全部仕訳してみます。

B社はA社に買掛金10,000円がある。本日A社からこの買掛金10,000円の返済の代わりにA社の取引先であるC社に月末になったら支払をする旨の依頼があり、これに同意して為替手形の所定欄に会社印を押印した。

その後A社はこの為替手形をC社に引き渡した。

振出人(A社)：(買　掛　金)　10,000　(売　掛　金)　10,000
引受人(B社)：(買　掛　金)　10,000　(支 払 手 形)　10,000
受取人(C社)：(受 取 手 形)　10,000　(売　掛　金)　10,000

参考

3社の関係はP.145と同じで次のようになっています。

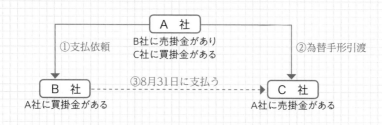

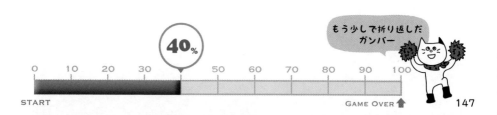

### チャレンジ問題

　為替手形について下記の取引を、3社の立場からそれぞれ仕訳してみましょう。

　まず3社に売掛金、買掛金としてそれぞれ下記のような関係があると考えてください。

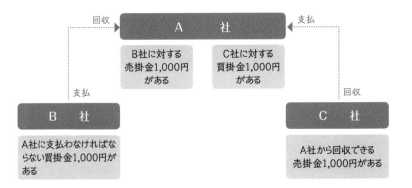

(資料)

1.　A社はC社に対する買掛金1,000円を支払うために、未回収の売掛金があるB社にその代金1,000円をC社に対して支払ってくれるかの同意を求めます(手形用語で引受呈示と呼ぶ)。

2.　B社は上記1.のA社からC社への代金の支払いに同意します(引受と呼ぶ)。この証明にA社の提出した為替手形の引受欄に記名、押印します。

3.　C社はA社から売掛金1,000円の回収としてB社の支払が保証された為替手形を受け取ります。

**解答欄**

A社(振出人)： (　　　　　　) 1,000　(　　　　　　　) 1,000

B社(引受人)： (　　　　　　) 1,000　(　　　　　　　) 1,000

C社(受取人)： (　　　　　　) 1,000　(　　　　　　　) 1,000

**解答**

まず左頁の図を為替手形のそれぞれの役割に関する名称で考えてみます。

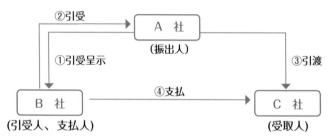

為替手形は基本的に代金の決済を他人に頼むということです。

上記の図ではA社がB社にその支払いを頼んでいます。

この支払を頼まれ、また同意したB社に支払手形が計上されます。また為替手形を受け取るC社では受取手形を計上します。

そしてA社では自分の会社の買掛金と売掛金を相殺するだけです。

A社(振出人)：(買　掛　金) 1,000　(売　掛　金) 1,000 **40**

B社(引受人)：(買　掛　金) 1,000　(支 払 手 形) 1,000 **30**

C社(受取人)：(受 取 手 形) 1,000　(売　掛　金) 1,000 **30**

 **指令**

為替手形のことは、これ以上説明しないので深く考えないようにしましょう。

もし知りたければインターネットを読んでみましょう。

神レベル **70** 以上

**3** 仕訳と勘定科目

# 13 自社振出小切手、約束手形の回収

商取引の中で商品売買や掛代金の決済として当社が振り出した小切手や約束手形が売掛金の回収等として、偶然に自社に戻ってくることが考えられます。

このような時には小切手や約束手形を振り出した時の仕訳を相殺するために下記の仕訳を行います。

### example

得意先A社より売掛金の回収として先月末にB社の買掛金を支払うために振り出した自社振出小切手40,000円を受取った。

(当 座 預 金)　40,000　　(売 　掛 　金)　40,000

※振出時の処理

[相殺するため]

(買 　掛 　金)　40,000　(当 座 預 金)　40,000

### example

得意先N社より売掛金50,000円の回収として先々月20日にN社の買掛金を支払うために振り出した約束手形を受取った。

(支 払 手 形)　50,000　　(売 　掛 　金)　50,000

※振出時の処理

[相殺するため]

(買 　掛 　金)　50,000　(支 払 手 形)　50,000

# 14 自社振出、引受為替手形の回収

為替手形は関係する取引当事者が3社あります。このために手形が自分のところに戻ってくるケースを3つ考えておかなければなりません。

為替手形当事者
- 振出人 … 自社で振り出した為替手形の回収
- 引受人 … 自社で引き受けた為替手形の回収
- 受取人 … 今回は考えない

上記の振出人、引受人のところに為替手形が回収されるケースも自社振出約束手形や小切手の回収と同様に振出時の処理を前提にします。

### example

当社はかつてA社の買掛金を支払うために振出したB社引受済の為替手形30,000円をD社より売掛金の回収として受け取った。

(受 取 手 形)　30,000※　(売 掛 金)　30,000

**※受取手形勘定の意味**

為替手形は当社が支払人ではありません。この為替手形には別にB社という支払人がいます。これにより期日には、このB社から手形代金をもらうことができるので受取手形を計上します。

### example

当社はE社から売掛金70,000円の回収として先月末にF社が振り出し、G社を受取人として当社が引受をした為替手形を回収した。

(支 払 手 形)　70,000※　(売 掛 金)　70,000

**※支払手形の意味**

為替手形のその引受をしたときに下記の処理を行っており、これを回収したということは支払義務がなくなるため上記のように借方支払手形の処理を行います。

**為替手形引受時**：(買 掛 金) 70,000　(支 払 手 形) 70,000

チャレンジ問題

下記に示す取引の借方に計上される勘定科目を科目群A ～ Eの記号で答えなさい。

---
★ 勘定科目 ★
A. 当座預金　　B. 受取手形　　C. 売掛金　　D. 支払手形　　E. 買掛金
---

1　当社では青森産業へ商品70,000円を売り上げて、代金として先月5日に仕入先である岩手物産が秋田商会への買掛金支払のために振出し、当社がその引受をした為替手形を回収した。

2　本日得意先の大阪産業より売掛金60,000円の回収として当社がかつて仕入先広島商業に買掛金決済として振り出した小切手を回収した。

3　得意先佐賀工業より売掛金80,000円の回収として為替手形を受け取った。
　　しかしこの為替手形は2ヶ月前に当社の得意先である福岡商会宛に振り出し、福岡商会の引受を得て仕入先である長崎産業に振り出したものであった。

4　石川物産は櫻井商業から売掛金20,000円の回収として先月末に岡山工業に買掛金の支払いとして振り出した約束手形を回収した。

**解答欄**

| ① | | ② | | ③ | | ④ | |
|---|---|---|---|---|---|---|---|

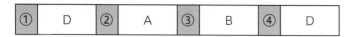

| ① | D | ② | A | ③ | B | ④ | D |

1. D　自社引受為替手形の回収

（支 払 手 形）　70,000　（売　　　上）　70,000 ⓴

※自社引受の為替手形
　　岩手物産がこの為替手形を振出し、その引受をした際に当社では下記の
　処理を行っているので、今回はこの(貸方)支払手形を借方で相殺消去する
　必要があります。
　　　振出時：(買　掛　金)　70,000　　(支 払 手 形)　70,000

2. A　自社振出小切手の回収

（当 座 預 金）　60,000　（売　掛　金）　60,000 ⓴

※自社振出小切手
　　小切手振出時に(貸方)当座預金の処理を行っているので今回はこれを借
　方で相殺します。
　　　振出時：(買　掛　金)　60,000　　(当 座 預 金)　60,000

3. B　自社振出為替手形の回収

（受 取 手 形）　80,000　（売　掛　金）　80,000 ㉚

※自己振出為替手形
　　為替手形の振出時には受取手形、支払手形が計上されていません。また
　為替手形には別に引受人(支払人であり本問では福岡商会)がいるので、回
　収時は受取手形を計上します。
　　　振出時：(買　掛　金)　80,000　　(売　掛　金)　80,000

4. D　自社振出約束手形の回収

（支 払 手 形）　20,000　（売　掛　金）　20,000 ㉚

※自社振出約束手形
　　約束手形は振出時に(貸方)支払手形の処理を行っているのでこれを相殺
　する必要があります。
　　　振出時：(買　掛　金)　20,000　　(支 払 手 形)　20,000

**3**

仕訳と勘定科目

神レベル
� 以上

# 売買目的有価証券

株で儲けるというのはどういうことかを見てみよう

## **1** 有価証券に関する出題

　現在多くの会社では、さまざまな事情により他社の有価証券を保有しています。

　特に一番多い理由は、取引先との密接な関係を持つためにその株式を保有するケースです。さらには投資目的で保有するケースもあります。

　株式というのは他社へ出資したことを示し、この株式を保有している者を株主と呼びます。この株主は会社にとってはオーナーである非常に重要な立場の人ということであり、多く出資していれば大株主、大オーナーということになります。

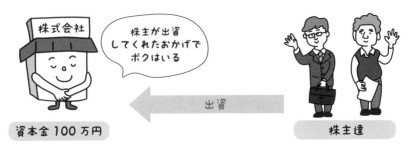

　現在、税理士試験などでは、この有価証券の取扱いに関する処理は非常に重要であり、必ず出題される項目だと考えてください。

　今回は基本的な内容についてこの第3章で有価証券の購入と売却、また第4章で評価について学習します。

# **2** 有価証券売買による儲け

　会社が株式以外にも日本国の発行する国債や株式会社の社債などを保有していれば、簿記ではこれらすべてを有価証券として考えます。

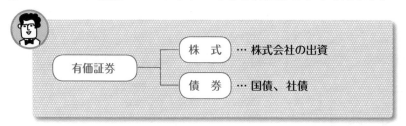

　特に株式については上場企業といって大きな会社の株式は証券市場で売買されていて時価があります。テレビのニュースで日経平均株価が上がったとか下がったといっているのはこの上場会社の時価平均額が上がったのか下がったのかを示しています。

　この上場されている株式は誰でも買うことができ、安い時に買って時価が上がった時に売って儲けることもできます。

　会社の本来の業務は商品を売買して儲けることです。しかし会社の中にはこのような本来の業務以外のサイドビジネスに手を出してさらに儲けようと考える会社もあるということです。

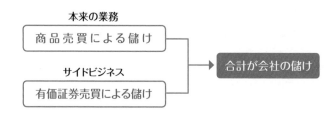

**3**

仕訳と勘定科目

# **3** 売買目的有価証券

　会社がもし有価証券の売買で儲けようと考えた場合には、まずその日の時価で株式を買うことになります。

　株式を購入するのは発行している会社から直接ではなく証券会社からということになります。なお有価証券の購入にあたっては若干の手数料(付随費用と考える)を証券会社に支払うことになります。

　有価証券を売買による儲けを目的にして購入した場合、財産を取得したことになり資産勘定の売買目的有価証券を計上します。

　売買目的有価証券勘定に計上する金額のことを簿記では**取得価額**と呼びます。価格ではなく価額と書くことに注意してください。

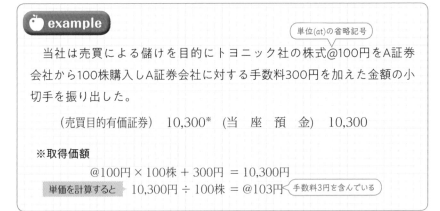

**🍎 example**

単位(at)の省略記号

　当社は売買による儲けを目的にトヨニック社の株式@100円をA証券会社から100株購入しA証券会社に対する手数料300円を加えた金額の小切手を振り出した。

　　(売買目的有価証券)　10,300※　(当　座　預　金)　10,300

※取得価額
　　　　@100円 × 100株 ＋ 300円 ＝ 10,300円
　単価を計算すると　　10,300円 ÷ 100株 ＝ @103円　手数料3円を含んでいる

# **4** 売却時の処理

　安い時に有価証券を買って、時価が高い時に売れば差額は儲かったことになります。このような儲けを有価証券売却益と考えます。

　有価証券は売りたい時に、その日の時価で証券会社を通じて売ることができます。

売却時の時価 ― 取得価額 ＝ 有価証券売却益

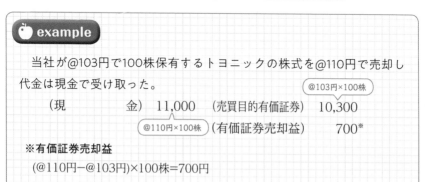

🍎 **example**

　当社が@103円で100株保有するトヨニックの株式を@110円で売却し代金は現金で受け取った。

(現　　　金)　11,000　(売買目的有価証券)　10,300 〔@103円×100株〕

〔@110円×100株〕(有価証券売却益)　　700※

**※有価証券売却益**

(@110円－@103円)×100株＝700円

3
仕訳と勘定科目

　値上がりした時に売却出来れば儲けることができます。しかし買った時より時価が下がっている時は、有価証券売却損が計上されます。

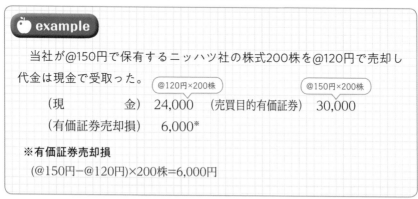

🍎 **example**

　当社が@150円で保有するニッハツ社の株式200株を@120円で売却し代金は現金で受取った。

〔@120円×200株〕　　　　　　　〔@150円×200株〕

(現　　　金)　24,000　(売買目的有価証券)　30,000

(有価証券売却損)　6,000※

**※有価証券売却損**

(@150円－@120円)×200株＝6,000円

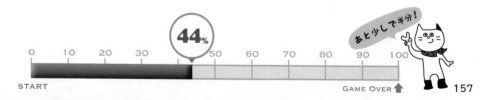

あと少しで半分！

**44**%

0　10　20　30　40　50　60　70　80　90　100

### ★チャレンジ問題

下記に示す売買を目的とする有価証券の取引について仕訳をしてみましょう。特に有価証券売買時の処理について注意してください。

1. 当社では資金的な余裕が生じたので株式投資を行うことにした。財務部で検討し将来値上がりが予想されるA薬品工業(株)の株式へ投資を行うことにした。
   本日証券会社である野山証券を通じてA薬品工業(株)の株式を時価@120円で1,000株購入し、野山証券に対する手数料5,000円を含む小切手125,000円を振出した。

2. 2ヵ月経過してA薬品工業(株)の株式が値上がりし@150円になったので半数である500株を野山証券を通じて売却し、代金は小切手で受け取った。

3. 値上がりを見込んでいたがA薬品工業(株)の株式はその後時価がどんどん下落しているためやむを得ず本日の時価@110円で残りの500株を野山証券を通じて売却し、代金は現金で受け取った。

参考　それぞれの時点での時価などをよく考えましょう。

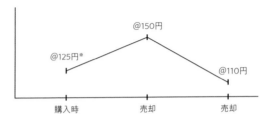

※取得価額

$$\frac{@120円 \times 1,000株 +5,000円}{1,000株} = @125円$$

## 解答欄

|   | 借　　方 | | 貸　　方 | |
|---|---------|---------|---------|---------|
|   | 勘定科目 | 金　　額 | 勘定科目 | 金　　額 |
| 1 |  |  |  |  |
| 2 |  |  |  |  |
| 3 |  |  |  |  |

## 解答

1. （売買目的有価証券）　125,000　（当 座 預 金）　125,000 **20**

　※取得価額

　　　@120円×1,000株＋5,000円 ＝ 125,000円

　　単価：$\dfrac{@120円×1,000株＋5,000円}{1,000株}$ ＝ @125円

　　**囲では**

　　1,000 M+ 120 × 1,000 + 5,000 ÷ MR = 125

2. （現　　　　金）　75,000　（売買目的有価証券）　62,500 **40**
　　〔他社振出小切手〕　　　　　（有価証券売却益）　12,500

　※内訳

　　売買目的有価証券：@125円×500株＝62,500円
　　有価証券売却益：(150円－@125円)×500株＝12,500円

3. （現　　　　金）　55,000　（売買目的有価証券）　62,500 **40**
　　（有価証券売却損）　7,500
　　　〔(@125円－@110円)×500株〕

神レベル **80** 以上

section 7

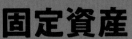

第3章　仕訳と勘定科目

# 固定資産

会社の持っている
一番高い財産につ
いて考えてみよう

## 1 固定資産とは何か

　会社が営業で使用することを目的にして土地、建物、自動車、パソコン等の資産を購入することが考えられます。

　このような資産は事業用として比較的長期に使用することを前提にしているために簿記では固定資産として分類します。

　固定資産に対して流動資産という資産の区分もあります。この流動資産に属するのがすでに学習した現金、売掛金、受取手形などです。

　簿記では、この固定資産をさらに資産の形態等に従って次のように細分化した上で、それぞれを具体的に示すことができる勘定科目で取扱います。

### 固定資産になる財産

① 土　地　…　本社用敷地、駐車場、建物建設予定地等

② 建　物　…　本社ビル、工場建物、倉庫等

③ 車　両　…　自動車、バイク、トラック等であり車両運搬具
　　　　　　　　勘定で処理することもあります

④ 備　品　…　事務所内の机、椅子、ロッカー、パソコン、
　　　　　　　　コピー機等

⑤ その他　…　これ以外の固定資産は後に出てきますので
　　　　　　　　その時にマスターしてください

※リース資産

　　現在多くの会社ではリース契約で上記の固定資産を借りています。このリースは固定資産を自社で保有しているわけではないので特別な処理をします。

# 2 取得原価

会社は備品であるパソコン等は購入することにより入手します。

また固定資産によっては運搬のための運賃や特別な設置台等の取付をしなければならないことが考えられます。

この固定資産を買う場合の購入先に支払った代金を基本にして、運搬等の手数料を付随費用と考えて固定資産の購入時の原価に加算します。これらの金額を固定資産の取得原価(同じ意味ですが取得価額でもある)と考えます。

Look!

固定資産取得原価 ＝ 購入代金 ＋ 付随費用※

**3**
仕訳と勘定科目

**※付随費用**

　これまでこの付随費用は商品購入時の引取運賃等、また前セクションの売買目的有価証券の購入時の証券会社に対する手数料について学習してきました。

　これらの付随費用は購入したもの(商品、有価証券)の取得原価の中に必ず加算しました。

　この付随費用を加算するのは収益との対応関係を持たせるためというのがその理由です。

## 🍎 example

　営業用乗用車500,000円を購入し、重量税等の諸費用20,000円を加えた金額の小切手を振り出した。

　　(車　　　両)　520,000　　(当 座 預 金)　520,000

　本体価格 ＋ 付属品 ＋ 関連費用

全部が購入額か

# 3 修繕費の取扱い

中古の固定資産を購入する際、あるいは使用中の固定資産が故障して修理を行うことがあります。

これらの修理のために支払った金額は、その状況により下記のように取扱われます。

### 固定資産修繕費の取扱

| 支 出 の 内 訳 | | 取 扱 い |
|---|---|---|
| 購入時の修理 | | 取得原価 |
| 使用中の修理 | 原状回復 | 修繕費 |
| | 使用価値増加※ | 固定資産の原価へ加算 |

※使用価値増加

修繕した内容がオーバーホール等ではなく、性能を向上させるような部品を付け替えたような場合を示します。

---

### example

使用している車両が故障したため修繕を行い現金200,000円を支払った。このうち150,000円はエンジン改良によるものであり、加速力が向上するようになった。

(修 繕 費)  50,000    (現    金)  200,000
(車    両)  150,000※

※同一の支出の内訳区分

本問のように同一の支出からその内訳により処理が区分されることもあります。

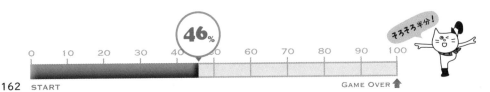

46%

0   10   20   30   40   50   60   70   80   90   100

### ★ チャレンジ問題

下記の固定資産の取引の仕訳をやってみましょう。

1. 岡山支店を開設するために土地1,000,000円と建物500,000円を購入して現金を支払った。

2. 中古の車両を購入することにした。車両本体は200,000円であり、車両取得に関する税金等30,000円が必要であった。
またこの車両の部品が古くなっているため一部を取り替えた。この部品の取り替えに50,000円を要した。
これらの総額280,000円の小切手を振り出して車両を納品させた。

3
仕訳と勘定科目

### 解答欄

| | 借　方 | | 貸　方 | |
|---|---|---|---|---|
| | 勘定科目 | 金　額 | 勘定科目 | 金　額 |
| 1 | | | | |
| 2 | | | | |

### 解答

1. （建　　物）　500,000　　（現　　　金）1,500,000 **50**
　（土　　地）1,000,000

2. （車　　両）　280,000※　　（当 座 預 金）　280,000 **50**
　※取得原価
　　車両購入時の自動車重量税や一部部品の取替に関する支出はすべて固定資産取得のための付随費用と考えて取得原価に算入します。

神レベル
**100**

163

**section 8**

第3章 仕訳と勘定科目

# 貸付金・借入金

お金を貸したり、借りたりという複雑な人間関係が考えられる…

## 1 貸付金

　皆さんは友達にお金を貸した経験はありますか。

　貸したお金は返してもらうし、お礼としてなにかちょっとしたものを貰ったようなことがあるかもしれません。

　また最悪の場合はお金を貸した友人との連絡が取れなくなり、返してもらうことができなくなってしまったこともあるかもしれません。

　会社も同じように、取引のある会社で資金に困っている社長から頼まれてお金を貸すことがあります。このような時には必ずお金を貸した見返りとして利息を貰います。

　お金を貸した時は、資産勘定の貸付金の借方に計上し、返してもらった時は貸方に計上します。

🍎 example

　取引先A社に10,000円を貸し付け小切手を振り出した時の仕訳、またこれを返済されて利息500円を含むA社振出の小切手10,500円を受け取った処理をやってみよう。

| 貸付時： | (貸 付 金) | 10,000 | (当座預金) | 10,000 |
|---|---|---|---|---|
| | ─資産プラスは左側─ | | ─小切手の振出は右側─ | |
| 返済時： | (現 金) | 10,500 | (貸 付 金) | 10,000 |
| | ─他社振出小切手は現金勘定─ | | (受取利息) | 500 |
| | | | ─受け取った利息は収益─ | |

164

# 2 借入金

今度は逆に銀行や取引先からお金を借りれば借金をしたことになるので負債勘定の借入金の貸方に計上します。

また返せば借方を減少させます。

お金を貸した場合は利息を貰いますが、逆にお金を借りた時は利息を支払わなければなりません。

この利息の受け渡しには2つのタイミングが考えられます。

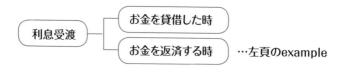

…左頁のexample

当社は銀行から100,000円を6ヵ月間借り入れ、利息年4%（利息計算は月割計算）を控除した現金を受け取った。

借入時の処理とこの100,000円を小切手を振り出して返済した仕訳をやってみます。

借入時：(現　　　金) 98,000 （借　入　金) 100,000
　　　　（支 払 利 息) 2,000※ ─負債プラスは右側─

利息控除後の手取金

※**支払利息**

利息計算は重要な計算です。次の計算式で6ヵ月の利息を計算しています。

$$100,000円 \times 4\% \times \frac{6ヵ月}{12ヵ月} = 2,000円$$

返済時：(借　入　金) 100,000 （当 座 預 金) 100,000
　　　　─負債マイナスは左側─ 　　─小切手振出は右側─

3

仕訳と勘定科目

# 3 手形貸付金

　お金の貸借(貸したり、借りたりすること)をする時に、普通は借用証<sup>しゃくようしょう</sup>という契約書を貸した会社と借りた会社の双方で取り交わします。

　この借用証の代わりにお金を借りた会社が貸してくれた会社に約束手形を振り出すことがあります。

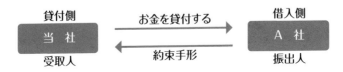

　上記の当社であればお金を貸したことによる資産勘定の貸付金と約束手形を受け取った受取手形を計上するという2つの事が考えられます。

　しかし簿記上はこの時、資産勘定の手形貸付金を使って処理をします。

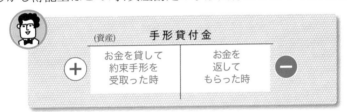

### 🍎 example

　当社は8月1日にA社に100,000円を利率年7.3%(利息は日割計算)で9月30日に返済する条件で貸し付け、利息を控除した金額の小切手を振出し、引換えにA社振出の100,000円約束手形を受け取った。（利息控除後）

| (手形貸付金) | 100,000 | (当 座 預 金) | 98,800 |
|---|---|---|---|
| ―資産プラスは左側― | | (受 取 利 息) | 1,200※ |

### ※受取利息

　利息の計算に注意して下さい。大事な計算です。利息は日割計算となっていますから8月1日は含めません(片端入れ、片落し計算)。

　割引料の計算は割引日も入れて日数計算をしましたが、利息は貸借したその日は日数に含めないで計算します。

受取利息：$100,000円 × 7.3\% × \dfrac{60日}{365日}$ (8/2〜9/30) = 1,200円

# 4 手形借入金

　今度はお金を借りた時に、約束手形を相手に振り出すケースです。このお金の貸借の見返りとして使う約束手形は掛代金の決済で用いる場合の手形とは使用目的が違います。

　したがって、掛代金決済の手形を商業手形と呼ぶのに対し金銭貸借時<ruby>金銭貸借時<rt>きんせんたいしゃくじ</rt></ruby>に使用する手形を金融手形と呼んだりします。

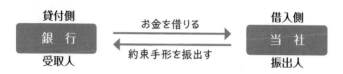

　当社では、この時に負債勘定の手形借入金を用いて処理をします。

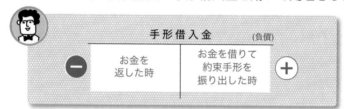

| | 手形借入金 | (負債) |
|---|---|---|
| お金を返した時 | お金を借りて約束手形を振り出した時 | |

**example**

　9月10日に銀行から50,000円を10月20日返済の条件で利率年7.3%で借り入れ、銀行宛の約束手形を振り出していたが、本日10月20日に利息(日割計算)を含めた金額の小切手を振り出して、この借入金を返済した。

| (手形借入金) | 50,000 | (当座預金) | 50,400 |
|---|---|---|---|
| (支払利息) | 400※ | | |

※利息計算

　9月10日から10月20日までの借入期間は9月10日を含めず、40日間です。

支払利息：$50,000円 \times 7.3\% \times \dfrac{40日}{365日}$ (9/11～10/20) ＝ 400円

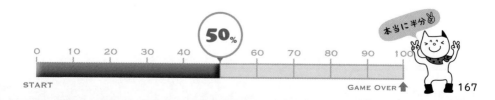

## ★チャレンジ問題

下記の貸付金、借入金に関する仕訳をやってみましょう。

利息の金額の計算をするのがポイントなので落ち着いて考えてください。

1 7月1日に取引先に500,000円を期限3ヵ月として9月末日に返済する条件で年率4%で貸付を行っていた。

本日9月末日となり月割計算した3ヵ月分の利息と元金を合計した金額の小切手により貸付金の返済を受け取った。

2 7月10日に銀行から2,000,000円を9月8日に返済する条件で借り入れ、銀行宛の約束手形を振り出した。

なお利息は年3.65%として日割り計算した金額を控除した額が当座預金口座に振り込まれた。

3 取引先より4ヵ月の条件で借り入れていた1,000,000円を利率年6%の月割計算した利息を加算した金額の小切手を振り出して返済した。

4 9月27日に取引先に3,000,000円を貸し付けることとし同額の約束手形を受け取った。

また返済は12月6日とし利率は年1.825%として日割計算することとし、この利息相当分を控除した小切手を振り出した。

## 解答欄

| | 借方 | | 貸方 | |
|---|---|---|---|---|
| | 勘定科目 | 金額 | 勘定科目 | 金額 |
| 1 | | | | |
| 2 | | | | |
| 3 | | | | |
| 4 | | | | |

## 解 答

1. （現　　　金） 505,000　　（貸　付　金） 500,000 **20**
 （受 取 利 息） 5,000※

※受取利息
500,000円×4%×$\frac{3 ヵ月}{12 ヵ月}$ (7/1 ～9/30)＝5,000円

2. （当 座 預 金）1,988,000　　（手形借入金）2,000,000 **30**
（支 払 利 息） 12,000※

※支払利息
　利息を日割計算する時は借入をした7月10日は含めないで計算することが当たり前(常識、暗黙の了解)と考えましょう。それを考慮して返す日までの日数を数えましょう。

では　　7月：31 － 10 M+
　　　　8月：　　31 M+
　　　　9月：　　 8 M+ MR 60

2,000,000円×0.0365×$\frac{60日}{365日}$ (7/11 ～9/8)＝12,000円

3. （借　入　金）1,000,000　　（当 座 預 金）1,020,000 **20**
（支 払 利 息） 20,000※

※支払利息
1,000,000円×6%×$\frac{4 ヵ月}{12 ヵ月}$＝20,000円

4. （手形貸付金）3,000,000　　（当 座 預 金）2,989,500 **30**
（受 取 利 息） 10,500※

※受取利息
　9月は9月27日は数えないので9月28日から30日までの3日間、10月は31日、11月は30日、12月は返済日の6日までということなので合計70日間で利息を計算します。

3,000,000円×0.01825×$\frac{70日}{365日}$＝10,500円

 指令
　利息計算はすぐに日数を数えてマッハのスピードで計算できるようにしておきましょう。

# 未収金・未払金

後からお金を払うとか貰うという時のことを考えてみる

## 1 未収金

　商品を販売して代金をその場で受け取らず後日受け取るとした場合には資産勘定の売掛金を使用しました。

　会社では、この商品以外にも不要な備品を売却したり、売買目的有価証券を処分して、代金を後で受け取るなどということがよくあります。

　簿記では商品以外の資産を売却して代金を後日回収するときは資産勘定である未収金を使用します。

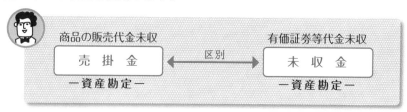

商品の販売代金未収　　　　区別　　　　有価証券等代金未収

売　掛　金　　←→　　未　収　金

―資産勘定―　　　　　　　　　―資産勘定―

### example

　保有する売買目的有価証券53,000円を証券会社を通じて60,000円で売却し、代金は月末に受け取ることにした。

（未　収　金）60,000　（売買目的有価証券）53,000
　　―資産プラスは左側―　　（有価証券売却益）　7,000

### example

　先月不要となった備品を売却して未収となっていた代金3,000円を現金で回収した。

（現　　　金）3,000　（未　収　金）3,000
　　　　　　　　　　　　　―資産マイナスは右側―

# **2** 未払金

　固定資産や有価証券を購入したり、コピー用紙や宅配運賃を後日合計して支払う場合には、掛(信用)による取引をしたことになります。

　購入したものが販売目的の商品であれば掛取引には専門の科目である買掛金を使用します。

　ところが商品以外の代金を後日払いとした場合には買掛金ではなく負債勘定の未払金を使用しなければなりません。

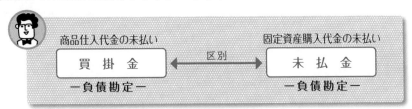

| 商品仕入代金の未払い | | 固定資産購入代金の未払い |
| :---: | :---: | :---: |
| 買　掛　金 | ←　区別　→ | 未　払　金 |
| —負債勘定— | | —負債勘定— |

　この未払いですが建物のような高額の資産はローンを組んで何年間かにわたって支払いを続けるようなことがあります。このようなときも払っていない部分はすべて未払金として処理して構いません。

**3**

仕訳と勘定科目

---

### 🍎 example

　A社より商品30,000円を仕入れた。この時に運送会社にこの商品の運搬を依頼して引取運賃1,000円が発生した。いずれの代金も月末に一括して支払うことにした。

　(仕　　　入)　31,000　(買　掛　金)　30,000
　　　　　　　　　　　　　(未　払　金)　 1,000※

**※仕入付随費用**

　商品の引取運賃は必ず仕入の金額に加算しなければなりません。
　また同じ月末払い(掛)であっても商品分と運賃分では処理する勘定科目が異なります。
　これはよく考えれば商品仕入代金は仕入先に支払い、運賃は運送会社に支払うのですから区別するのは当然です。

# 仮払金・仮受金

仮にお金を払った
という時はどうし
たらいいのだろう

## **1** 仮払金

従業員が出張に出掛ける際に、交通費などの金額を多めに渡しておき、従業員が出張から戻ったらこれを精算するようなことがあります。

このとき、出張に出掛け、戻ってくるまでの間は、出発の時に渡した現金を資産勘定の仮払金で処理しておきます。

### example

本日営業担当者が金沢に出張に出掛けるための交通費等を現金で50,000円仮払いした。

（仮　払　金）　50,000　（現　　　金）　50,000
　　―資産プラスは左側―

### example

上記営業担当者が出張から戻り、30,000円は交通費、15,000円は交際費との報告を受け残額5,000円は現金の返還を受けた。

（現　　　金）　　5,000　（仮　払　金）　50,000
（旅費交通費）　30,000　　　―資産マイナスは右側―
（交　際　費）　15,000

# **2** 仮受金

　会社では取引先から預金口座への振込入金があった際、その内訳が明確でない事があります。

| 取引先 | —振込→ | 当座預金口座 | ……… 内訳不明 |

　これは振込の内訳が経理担当者のところにまだ届いておらず連絡が遅れているということです。

　このような場合、その振込があり、内訳が判明するまでの間は負債勘定の仮受金で処理をしておきます。

仮　受　金

振込入金　　　　　　　　　　　　　内訳判明

### 🍎 example

　取引先A社より当社の当座預金口座へ38,000円の振込入金があったが内訳が不明であった。

（当 座 預 金）　　38,000　（仮 受 金）　　38,000
　　　　　　　　　　　　　　　　　—仮受金は負債勘定—

### 🍎 example

　上記A社からの振込38,000円のうち28,000円は先月末の売掛金回収の不足額であり、残額10,000円は来月引き渡す商品の手付金であることが判明した。

（仮 受 金）　　38,000　（売 掛 金）　　28,000
　—負債マイナスは左側—　　（前 受 金）　　10,000
　　　　　　　　　　　　　　—新たに負債がプラスになる—

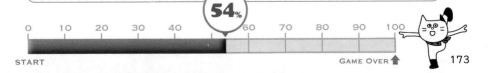

## ★チャレンジ問題

　下記に示す取引の仕訳をしてみましょう。仕訳に使用する勘定科目は名称が似ていてそれぞれ資産と負債というまったく逆の性質を持つ勘定科目に注意しましょう。

1. 当社で保有する売買目的有価証券であるA社の株式100株(取得価額@250円)を本日の時価@300円で売却し代金は月末に受取ることにした。

2. 当社では上記1.の後でさらに株式投資により儲けるためにB社株式100株を本日の時価@350円で購入することとした。
　なお代金は上記1.のときにまだ受け取っていない分とこのB社株式の支払わなければならない代金を相殺して翌月に証券会社に支払うことにした。

3. 本日営業担当者が出張から戻り、仮払いしていた現金50,000円を精算し、不足分3,000円は現金を支払った。
　営業担当者が支払った金額は交通費が42,000円、取引先を接待した交際費が11,000円であった。

4. 取引先から当社の当座預金口座に振り込まれていた70,000円を仮受金として処理していたが、この金額は売掛金の回収分40,000円と来月商品を引き渡す契約の予約金であることが本日判明した。

参考　仕訳は勘定科目金額のわかる部分から少しずつ組立てていくことがポイントです。
　　3.　(旅費交通費) 42,000　(現　　金) 3,000
　　　　(交　際　費) 11,000　(　？　) 50,000

あと貸方50,000は？

## 解答欄

|   | 借　　方 | | 貸　　方 | |
|---|---|---|---|---|
|   | 勘定科目 | 金　額 | 勘定科目 | 金　額 |
| 1 | | | | |
| 2 | | | | |
| 3 | | | | |
| 4 | | | | |

## 解　答

1. （未　収　金）　30,000　（売買目的有価証券）　25,000 **30**
   （@300円 - @250円）×100株 ──（有価証券売却益）　5,000

　　　　　　　　　　　　上記1を相殺して消してしまう

2. （売買目的有価証券）　35,000　（未　　収　　金）　30,000 **30**
   　　　　　　　　　　　　　　　（未　　払　　金）　5,000

　　　　　　　　　　　　不足分として支払う金額

3. （旅 費 交 通 費）　42,000　（現　　　　　金）　3,000 **20**
   （交　　際　　費）　11,000　（仮　　払　　金）　50,000
   ※支払済の仮払金
   　営業担当者が出発の時に会社では下記の仕訳をしています。
   　出張出発時：(仮 払 金)　50,000　(現　　金)　50,000

4. （仮　　受　　金）　70,000　（売　　掛　　金）　40,000 **20**
   　　　　　　　　　　　　　　　（前　　受　　金）　30,000
   ※当座振込入金時
   　下記の仕訳が行われていることが前提でこの右側の仮受金
   を相殺するのが上記の仕訳ということになります
   　(当座預金)　70,000　(仮 受 金)　70,000

神レベル **80** 以上

# section 11

### 第3章 仕訳と勘定科目

# 立替金・預り金

給料にまつわるお金のことを考えてみよう

## 1 立替金

従業員のために会社が一時立替払いをしてやることがあります。

このようなときには立て替えて支払った現金を資産勘定の立替金で処理をしておき、後からこのお金は給料から差し引きます。

---

**🍎 example**

従業員が業務中にスピード違反の取締により罰金10,000円の支払いをしなければならず、会社でこの罰金を現金で支払って立て替えた。

（立 替 金）　10,000　（現　　　金）　10,000

―資産プラスは左側―

---

**🍎 example**

本日給料日となり給料150,000円を支給する際に上記の立替金10,000円を控除した残額140,000円を現金で支給した。

（給　　　料）　150,000　（現　　　金）　140,000

　　　　　　　　　　　　　（立 替 金）　 10,000

―資産マイナスは右側―

---

176

# **2** 預り金

　会社では給料の支払いをするときに、法律に定められている従業員負担分の税金や年金等を控除しなければなりません。この控除した税金等は後日国等に納める義務が会社にあります。

| 給料の総額 | － | 税金等 | ＝ | 実際支給額※ |
|---|---|---|---|---|
| 費用の給料勘定 | | 国等への納付 | | 現金支払額 |

**※実際支給額**

　この金額が従業員個人の預金口座に給料として振り込まれます。またこの金額のことを手取や手取額と呼びます。

　給料を支給するときに、控除するこれらの税金等は国に納めなければならない負債と考えて預り金勘定で処理します。

 **example**

　本日従業員に給料200,000円を支給する際に税金等の金額15,000円を控除した185,000円を現金で支払った。

|  | | | | |
|---|---|---|---|---|
| (給　　　料) | 200,000 | (現　　　金) | 185,000 |
| | | (預　り　金) | 15,000 |
| | | －負債プラスは右側－ | |

　この従業員の給料から控除した税金等は納期限といって納付しなければならない日が定められているので、その日までに納付します。

 **example**

　上記給料から控除した税金等15,000円を本日国等に現金で納付した。

| (預　り　金) | 15,000 | (現　　　金) | 15,000 |
|---|---|---|---|
| －上記右側と同額を相殺－ | | | |

**3**

仕訳と勘定科目

## ★チャレンジ問題

下記の給料支払等に関係する一連の処理を仕訳しなさい。

1. 従業員Aから個人的な事情により給料の一部である20,000円を前借りしたいという相談があったので現金で立て替えることにした。

2. 本日給料日につき従業員Aに給料250,000円を支払うことになり、上記1.で立て替えた20,000円、所得税等の税金10,000円、厚生年金等の社会保険料30,000円を控除した残額190,000円を現金で支給した。

3. 本日、上記給料から控除した所得税等の税金10,000円を小切手を振り出して納付した。

## 解答欄

| | 借 方 | | 貸 方 | |
|---|---|---|---|---|
| | 勘定科目 | 金 額 | 勘定科目 | 金 額 |
| 1 | | | | |
| 2 | | | | |
| | | | | |
| | | | | |
| 3 | | | | |

## 解 答

1. （立 替 金）　20,000　（現　　　金）　20,000　**20**
2. （給　　　料）　250,000　（現　　　金）　190,000

上記左側の相殺 ⟩ （立 替 金）　20,000　**50**

（預 り 金）　40,000

国等にしていた借金を返済したと考える　　　　－負債プラスは右側－

3. （預 り 金）　10,000　（当 座 預 金）　10,000　**30**

参考

　給料から控除された厚生年金等はテレビ等でも耳にするいわゆる年金などです。これは従業員自身が高齢者になったときに国等からお金を貰うために支払っておかなければならないものです。

　この厚生年金等は従業員自身が半分また会社も従業員を働かせているので半分負担しなければなりません。

従業員自身の負担　　会 社 の 負 担　　実際の支払額
30,000円　＋　30,000円　＝　60,000円
（50%）　　　　　（50%）

　従業員分30,000円は給料支払時(上記解答2.)に貸方で預り金30,000円として計上済みです。

　これに会社負担分30,000円を加算して合計60,000円を後日納めなければならないということです。

　この会社負担分30,000円は法定福利費という費用勘定を借方に計上します。

負債マイナス

納付時：(預 り 金)　30,000　（現　　　金)　60,000
　　　　(法定福利費)　30,000
　　　　－費用プラスは左側－

# その他の費用と収益の勘定科目

その他の科目をザクッと見ておこう

## 1 収益の勘定科目

これまでにも売上や受取利息、受取手数料等の収益に関する勘定科目を学習してきましたがこれらをまとめてみます。

(1) 売　　　　　　上 ➡ 販売した商品の販売価額の総額を計上するとき。

(2) 受　取　利　息 ➡ 銀行預金等の利息や貸付金からの利息等を受け取ったとき。

(3) 受　取　配　当　金 ➡ どこかの会社の株式を持っていて、その株式の発行会社の利益を株主が配当金として受け取ったとき。

(4) 受　取　手　数　料 ➡ 他の会社になにかのサービスを提供した場合、たとえばお客を紹介したとか、特別な情報を提供したことの見返り(お礼)として現金を受け取ったとき。

(5) 有　価　証　券　利　息 ➡ 株式会社が発行する社債券や、日本国が発行する国債券から契約で定めた日に利息を受け取ったとき。

(6) 受取家賃、地代 ➡ 会社が保有する土地や建物を賃貸して、家賃や地代を受け取ったとき。

(7) 有価証券評価益 ➡ 売買目的で会社が保有する有価証券の期末時価が帳簿価額を上回っているときの、その差額。

(8) 有価証券売却益 ➡ 会社の保有する売買目的有価証券を帳簿価額(取得原価)を超える金額で売却したときの、その超過額。

(9) 固定資産売却益 ➡ 会社保有の固定資産を帳簿価額(取得原価－減価償却累計額)を超える金額で売却したときの、その超過額。

(10) 雑　収　入(雑　益) ➡ 営業目的以外の小額の収入で、1年間に数件しか発生しないもの。

# 2 費用の勘定科目

　同じように費用に関する勘定科目も整理してみることにします。収益の勘定科目も同じなのですが、このセクションで学習済みの勘定科目もあれば、次の第4章で学習するものもあります。

　とにかく一読して勘定科目の名称と支出等の内訳がイメージできるようにしておきましょう。

　費用勘定は勘定科目の名称の末尾に「費」や「料」また「損」という文字がついていることが共通の特徴です。

(1) 売　上　原　価 ➡ まだここまでには出てきませんが、売れた商品の原価のことを示す勘定科目。

(2) 給　　　　　料 ➡ 従業員に給料、賞与などを支払ったときに用いられる勘定科目、社長などの役員には役員報酬という別の科目を使う。

(3) 接待交際費 ➡ 得意先等の取引先に飲食などの接待をした際に使われる科目。法人税ではこの科目は特別な取扱を受ける。

(4) 旅費交通費 ➡ 給料の支給時に支払われる通勤手当や従業員の移動、出張などの際に支払う交通費をいう。

(5) 水道光熱費 ➡ 会社で発生する水道代、電気代、ガス代などを処理する科目。

(6) 通　信　費 ➡ 電話代、もちろんスマホ料金や切手代なども示す。
荷造運賃勘定を設けない会社では、この中に宅配便などの運賃も入れて処理してしまう。

(7) 福利厚生費 ➡ 従業員のための食事補助金、社宅費用、食堂運営補助金、慰安旅行、運動会、忘年会費用などの支出を処理する。

(8) 法定福利費 ➡ 健康保険料、厚生年金、雇用保険などの会社負担額を支払ったときに計上する。

**3**

仕訳と勘定科目

181

(9) 租税公課 ➡ 会社が支払う費用性のある税金を処理する科目で、印紙税、自動車税、固定資産税などの支払時に用いる。会社が支払う法人税、住民税や個人経営の店で店主の所得税を支払ったときには使わないので注意すること。

(10) 広告宣伝費 ➡ 会社の宣伝のための支出額で、チラシからTVコマーシャルまで社名や新製品の広告目的のもの一切を含む。

(11) 保険料 ➡ 会社の建物や事務用品に対する損害保険、会社が保有する自動車の自賠責保険などを処理する科目。

(12) 支払家賃、地代 ➡ 会社が事務所、倉庫などのために建物を賃借していたり、資材置場、駐車場などのために土地を賃借しているとき。

(13) リース料 ➡ 事務用品であるパソコン、コピー、FAXなどをリースしている場合の支出額で、賃借料という勘定で処理されることもある。

(14) 修繕費 ➡ 会社が保有する固定資産(建物、備品関係)が故障してこれを修繕するために支払ったもので、著しい改良などを施したものは修繕費にはならない。

(15) 消耗品費 ➡ 事務用品や福利関係などのいわゆる消耗品を購入した場合に用いられる。

(16) 手形売却損 ➡ 保有する手形を支払期日前に銀行で現金化した際に、銀行に支払う一種の利息、もしくは手数料で、かつては割引料勘定という科目が用いられていた。

(17) 貸倒損失 ➡ 受取手形や売掛金が得意先の倒産などで回収できなくなったときに用いられる損失を示す科目。

(18) 支払手数料 ➡ 銀行の振込手数料など会社が何らかのサービスを他社から受けた際に支払う対価を処理する科目。

(19) 支 払 利 息 ➡ 借入金などの負債について支払う、金銭提供を受けた
サービスに対する対価。

(20) 雑 費、 雑 損 ➡ 独立した科目として計上する必要のない少額の費用
や、年間に数回しか支払のない発生頻度の低い支出。
現金の不足が発生しているときには、雑損勘定が用い
られる。

(21) 有価証券評価損 ➡ 売買目的で保有する有価証券の期末時価が、帳簿価額
を下回っているときの、その差額。

(22) 有価証券売却損 ➡ 会社の保有する売買目的有価証券を帳簿価額(取得原
価)に満たない金額で売却したときの、その満たない
額。

(23) 固定資産売却損 ➡ 会社の保有する固定資産を売却した際に、売却金額が
固定資産の帳簿価額(取得原価－減価償却累計額)に満
たない場合のその差額。

(24) 貸倒引当金繰入 ➡ 決算に出てくる勘定科目で、期末に受取手形や売掛金
の未回収があれば、翌期にこれが倒産などで回収不能
になるかもしれないので、それに備えて設定されるも
の。

(25) 減 価 償 却 費 ➡ 会社が保有する固定資産(建物、備品など)は使ってい
るうちに少しずつ傷んでくるので、固定資産の原価の
一部を少しずつ費用化しようとするもの。

3
仕訳と勘定科目

あと2章ダァ〜

60%

0 10 20 30 40 50 60 70 80 90 100
START GAME OVER ⬆ 183

# コンピューターによる簿記

　現在会社の簿記会計はすべてコンピューター処理されるのが常識です。したがって本書で説明している手書きで仕訳をしたり、これを各勘定口座に転記するという作業は人間の手作業では行いません。しかし本来コンピューターで処理できるものをなぜ手書き学習するのでしょうか。

## コンピューター会計はデータ処理の迅速性のため

　実は簿記会計の作業である仕訳と勘定口座への転記というのはひじょうに煩雑な作業であり、会社の規模が大きくなれば総勘定元帳を作成するために膨大な人員を用意しなければなりません。しかしこれがコンピューターで処理できることになれば経理担当者でなくても画面操作だけで仕訳を入力し、権限者の承認があればこれをダウンロードして総勘定元帳の該当する勘定口座に保存することができます。

　つまり会計処理がコンピューターで処理できるのは多くの経理事務を機械が迅速に処理してくれるからという理由であり、簿記知識は必要ないという意味ではありません。これは次のようなことにも関係します。

## 入力勘定科目の選定は人間が判断する

　たとえば営業担当者がそれまで交通費精算書をもって経理課に交通費の精算に行っていたことがコンピューターの画面で処理でき、その精算金が口座振込になれば、営業担当者も経理課の現金精算係も仕事は楽になります。

　しかし会社で発生する取引は、交通費の精算のような単純で定形的な取引ばかりではありません。多くの場合その金額も大きく複雑な取引も発生します。このような取引処理の借方、貸方の勘定科目の選定は人間でなければ判断できません。さすがのコンピューターでも定形的な取引は別ですが、複雑な取引処理はすることができません。この「判断力」ために我々は簿記の取引処理を学習していると考えてください。

## 経営トータルの判断は高度な知識を持つ者が行う

　コンピューターは膨大な取引処理を瞬時にすることができます。これにより貸借対照表等の財務諸表も簡単に作成することができます。しかしコンピューターは完成した財務諸表の相互の関係や経営状況などをトータルに判断することはできません。これらの判断は高度な会計知識を持つ者の仕事です。このときにやはり基本になるのが簿記の借方と貸方そして貸借のバランス関係がイメージできるかなのです。これも簿記の基本としてあらゆる処理が仕訳できて初めて可能になります。つまり簿記の仕訳学習は、税理士の経営センスを身に付けるための重要な基礎学習ということなのです。

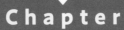

# Chapter

~ 第 4 章 ~

# 決算の手続き

### この章でマスターしてほしいこと

簿記でこれから解くことになる問題はすべてこの章の決算に関する事項です。

各項目をひとつずつ納得できるまで読んで決算整理仕訳ができるようにしましょう。

# 決算とは何か

決算という魔法の言葉はいったい何を意味するのか

## 1 決算で行われること

　簿記は会社の財産や借金等の残高を示す貸借対照表と会社の儲けを示す損益計算書を作成することを目的にしています。このために簿記では会社で発生した取引のすべてを仕訳として記録して総勘定元帳と呼ばれる帳簿を作成しました。

　この簿記の記録は会計期間という1年間を基礎にして行われることになっています。

　これによりこの損益計算書は1年間の儲けを、また貸借対照表は1年間の最後の期末を基準にして作成しました。

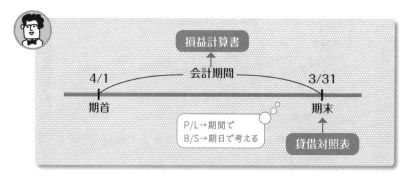

　そこで取引記録を1年間まとめてケジメを付けるために決算という手続きを行い、貸借対照表や損益計算書を作成しようというのがこの章での学習テーマです。

# 2 決算での具体的な作業

まず決算で行う作業は3つあると考えて下さい。いずれも簿記では非常に大事な作業であり、簿記関係の試験はどんな試験であれこの決算の手続に関する出題が行われます。

まず手続の最初に行われるのが総勘定元帳の各勘定口座に記入されている期中取引に関する修正です。これは後で説明しますが期中会計帳簿が完全ではないためです。

次にこの修正を行った後は各勘定口座を期末の日付で締め切ります。これは簡単に説明すれば各勘定口座の左側と右側の金額をイコールにするということです。

そして最後に行われるのが締め切られた会計帳簿を基礎にして貸借対照表や損益計算書を作成するという作業です。

作業 その 2 会計帳簿の締切りと 作業 その 3 報告書作成は次の第5章で説明します。

特に受験を前提に考えた場合に最も重要なのが 作業 その 1 の会計帳簿(勘定口座)の修正作業です。

この修正作業はすべて仕訳により行います。

このようなことから、この先の学習の多くは税理士試験の簿記論レベルまでということになりますが、その内容はこの決算における修正仕訳に関するものということになります。

4

決算の手続き

# 期末商品の棚卸

売残品はバーゲ
ンセールにするし
かないのか

## 1 商品棚卸

皆さんも「決算大バーゲン」とか「棚卸バーゲンセール」などというセールでほしいものを安く買った経験があると思います。

今回はこの棚卸というものを簿記として正式に学習することにしましょう。

この棚卸というのは会社で期末に売れ残っている在庫品の数量などを調べる（数える）ことです。この期末に売れ残っている商品の数を数えなければ当期中に何個の商品が売れたのかが分かりません。

> 🍎 **example**
>
> 当期中の商品仕入が10個で、期末に棚卸をしてその在庫数量を数えたところ売れ残り品が2個あれば差引をして売れたのは8個ということがわかります。
>
> | 販売数量： | 当期仕入数量<br>10個 | − | 期末棚卸数量<br>2個 | ＝ | 8個 |
> |---|---|---|---|---|---|

このように販売数量を知るという意味において、この売れ残り品の数を調べることはとても重要な意味があることなのです。

また商品はこのような棚卸を行うことから固定資産などに対して棚卸資産という分類名称が使われることもあります。

# 2 棚卸高の計上

今度は期中における仕入高と期末棚卸高の関係を考えてみます。

さて前の第3章で学習しましたが簿記では商品を仕入れた際にはどのような処理をしたでしょうか。

商品@200円を10個掛仕入

（仕　　入）2,000　（買　掛　金）2,000
－費用勘定－

仕入を使ったよなー

商品という財産（資産）を入手したのに資産ではなく、仕入という費用勘定を用いて仕訳をしました。

これはなぜ費用勘定の科目を使って処理したのでしょうか。

それは販売時に販売金額で売上という収益勘定を計上して、費用と収益に対応関係を持たせるためでした。

仕入（費用） ←費用収益の対応関係→ 売上（収益）

## 🍎 example

さてここでちょっと考えてみることにします。

もし当期入手した商品、たとえば上記の10個（@200円）の商品がすべて販売されずに2個売れ残っている場合には、仕入とした金額をそのまま費用に計上しておいていいでしょうか。

仕入分：　　　　　　　　　　　　　　　→ @200円×10個

売れ残り　　仕入　2,000円??

この売れ残り分2個（@200円×2個）を仕入のままにしておくのは変ではないですか。売れてこそ費用なのに売れ残っていれば費用にはならないはずです。

# **3** 棚卸高の取扱

　もし当期に仕入れて売れ残っているものがあればこれを仕入勘定から取り除いておくべきです。

　またこの売れ残り品2個は次の期（翌期）になって売ることができます。そのように考えれば期末売れ残り品は財産だと考えられます。
　そこでこの売残品を仕入勘定から繰越商品という資産勘定へ振り替えることにします。

　これは振替を仕訳で行いますが、理解できるでしょうか。
　これが決算で行われる修正仕訳であり、簿記では正式名称を決算整理仕訳と呼びます。

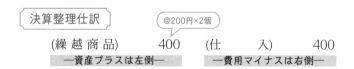

### ※三分割法
　このように商品売買処理について仕入と繰越商品勘定、さらに収益に関しては売上勘定を用いることから、この処理方法を三分割法と呼びます。

# **4** 販売品の原価

左頁の例で仕入勘定の決算整理仕訳後の残高を考えてみます。

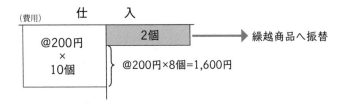

この販売された商品8個、金額1,600円は当期において販売された商品の原価ということになります。

簿記では、この販売された商品の原価のことを売上原価と呼びます。この売上原価というのは非常に重要な意味があります。

もし上記の仕入勘定の販売品原価(売上原価) 1,600円を算式で示せば次のようになります。

$$\underset{\text{売上原価}}{1{,}600\text{円}} = \underset{\text{当期仕入高}}{@200\text{円}\times10\text{個}} - \underset{\text{期末棚卸}}{@200\text{円}\times2\text{個}}$$

 **example**

さらにこの8個(=10個 − 2個)の商品が1個@300円で販売されていればその儲けもこの売上原価を基礎にして求めることができます。

商品販売による儲け：$\underset{\text{販売単価}}{@300\text{円}} \times \underset{\text{販売数量}}{8\text{個}} - \underset{\text{上記売上原価}}{1{,}600\text{円}} = 800\text{円}$

つまりこの売上原価の重要な意味というのは商品販売による儲けを正しく算定するためなのです。

**4**

決算の手続き

# 5 期首商品の棚卸

　期末に売残品があるということは、翌期の期首に前期末の売残品があることになります。これは期末が3月31日で期首が翌日の4月1日ですから当然、前期末商品イコール当期首商品という関係が成り立つことになります。

　会社では売上原価を考えるときには期末の商品棚卸を考慮しなければなりません。しかしこの翌期に繰り越すことになる期首の商品棚卸高も翌期の売上原価に影響しています。

　たとえば下記の例を考えてみましょう。

---

### 🍎 example

　期首には前期末から@200円の商品が2個あった。当期中に@200円の商品を20個仕入れた。

　期末において@200円の商品が3個売れ残っていたとします。販売された商品の数と原価はどうやって計算するでしょう。

| 期首棚卸 | 当期仕入 | 期末棚卸 |
|---|---|---|
| @200円×2個 | @200円×20個 | @200円×3個 |

　まず当期に販売された商品の数はいくつでしょうか

販売品数量： 2個 ＋ 20個 － 3個 ＝ 19個
　　　　　　期首商品　当期仕入　期末商品

　販売された商品の原価は1個当り200円ですからこの販売数量19個に仕入原価@200円を掛ければ求めることができます。

売上原価：@200円 × 19個 ＝ 3,800円
　　　　　仕入原価　　販売数量

#### ※別解

　次のような方法でも売上原価3,800円は計算出来ます。

@200円×2個 ＋ @200円×20個 － @200円×3個 ＝ 3,800円
期首商品棚卸　　　当期仕入高　　　期末商品棚卸高

# **6** 仕入勘定の上での処理

売上原価は算式で考えても算出できます。

しかし簿記手続上は、これを勘定の上で求めなければなりません。

特にこの売上原価を計算する勘定は費用勘定の仕入勘定ということになっています。また棚卸分は資産勘定の繰越商品勘定が用いられるので下記のような振替処理が行われます。

下記の数量は左頁の例と同じものです。

まずは前期末の繰越商品勘定から仕入へ振替を行います。

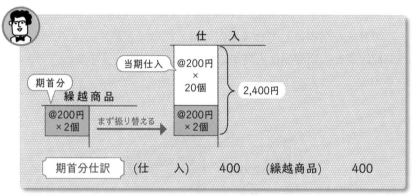

さらに当期末に3個の売残品があるのでこれを上記の記入が完了した後で仕入勘定から繰越商品勘定へ振り替えます。

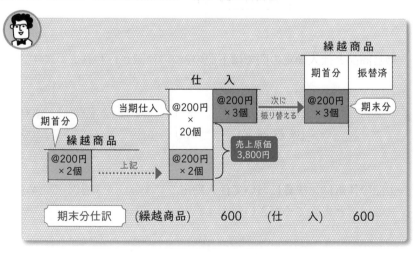

**4**

決算の手続き

# 7 売上原価の算定

　結果的には繰越商品と仕入勘定の間で期首商品と期末商品棚卸高を相互に振替処理することにより売上原価が仕入勘定の上で計上されることになります。

Look!

| 売上原価算定 | : | 期首商品棚卸高 | + | 当期商品仕入高 | − | 期末商品棚卸高 |

　この算式を前提にして仕入勘定の借方には上記算式の左側2つの期首商品棚卸高と当期商品仕入高が、貸方には期末商品棚卸高が計上されているので勘定上での差引額として売上原価を求めることができるのです。

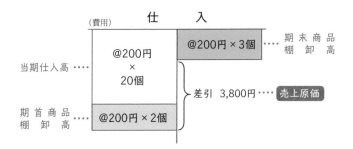

**仕　　入**

(費用)

当期仕入高 ……
@200円 × 20個

期首商品棚卸高 …… @200円 × 2個

@200円 × 3個 …… 期末商品棚卸高

差引 3,800円 …… 売上原価

　繰越商品と仕入勘定の間では下記の2つの仕訳が行われています。

|  |  |  | @200円×2個 |  |  |
|---|---|---|---|---|---|
| 期首商品分： | (仕　　　入) | 400 | (繰越商品) | 400 |
| 期末商品分： | (繰越商品) | 600 | (仕　　　入) | 600 |
|  |  | @200円×3個 |  |  |

　上記の仕訳は、決算において仕入勘定で売上原価を算出するための決算整理仕訳と考えてください。

# **8** 商品棚卸に関する決算整理仕訳

　商品売買は仕入時には費用である仕入勘定、売上時には収益の売上勘定、また期首、期末の売残品は資産の繰越商品勘定を用いて処理することから、この処理方法を三分割法あるいは単に分割法と呼びます。

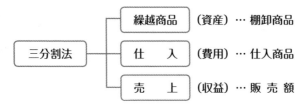

　今後は、受験または実際に会社内で経理などの仕事をすることになってもほぼ100%、取り扱っている商品がどのようなものであれこの三分割法により商品売買は処理されます。

　幸いなことに、この三分割法は期中の商品売買処理がとても簡単です。

　また決算でも仕入勘定と繰越商品勘定の間で棚卸商品に関して下記の処理を行うだけです。

　上記の決算整理仕訳は左上から横にそのまま「仕→繰→繰→仕」と暗記してしまいましょう。

**4**

決算の手続き

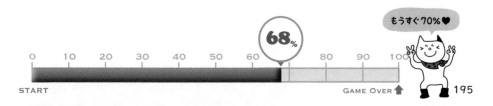

 チャレンジ問題

　下記の資料を参考にして三分割法により処理をされている商品売買の決算整理仕訳をやってみましょう。

 指令

　とにかく「仕→繰→繰→仕」の仕訳の意味をマスターすることがこの問題でのテーマ!!

（資料）

　1.　繰越商品と仕入勘定の期末における状態は下記のとおりです。

前期からの
繰越分 →

繰 越 商 品

| 期首商品棚卸高 |
| 300円 |

仕　　　　入

| 当期商品仕入高 |
| 5,000円 |

　2.　期末において在庫の棚卸をしたところ売残品は500円ありました。

参　考

　まず売上原価を計算してみることにします。売上原価はP.194に示されている算式で求めることができます。

期首商品棚卸高　　　　当期商品仕入高　　　　期末商品棚卸高　　　　売上原価
（　　　　　）円　＋　（　　　　　）円　－　（　　　　　）円　＝　（　　　　　）円

　上記算式の売上原価は4,800円になりますが、この差額は仕入勘定の貸借の差額として計上されます。

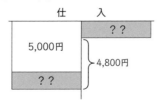

仕　　入

| 5,000円 | ？？ |
| | 4,800円 |
| ？？ | |

### 解答欄

　三分割法が行われている場合の商品棚卸に関する決算整理仕訳は「仕→繰→繰→仕」です。

　上段の仕訳には期首商品棚卸高が下段の仕訳には期末商品棚卸高の金額が計上されます。

[ 決算整理仕訳 ]

( 　　　　　　　　 )................... 　( 　　　　　　　　 )...................
( 　　　　　　　　 )................... 　( 　　　　　　　　 )...................

### 解 答

[ 決算整理仕訳 ]

① （ 仕　　　入 ）　　　300　　（ 繰 越 商 品 ）　　　300 **50**
② （ 繰 越 商 品 ）　　　500　　（ 仕　　　入 ）　　　500 **50**

神レベル **100**

　これを繰越商品と仕入勘定に転記して仕入勘定の貸借差額が本当に4,800円になるかチェックしてみましょう。

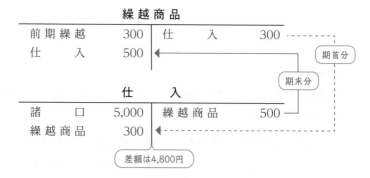

**繰 越 商 品**

| 前 期 繰 越 | 300 | 仕　　　入 | 300 |
| 仕　　　入 | 500 | | |

**仕　　　入**

| 諸　　　口 | 5,000 | 繰 越 商 品 | 500 |
| 繰 越 商 品 | 300 | | |

期首分　期末分

差額は4,800円

 指令

　上記の仕訳の意味（理由）が納得できなければP.188からもう一度正座をして読み直しましょう!!

**4**

決算の手続き

# 貸倒引当金

## 1 売掛金などの回収不能

　皆さんは友達に貸したお金が返ってこないという経験をしたことはありませんか。

　たいした金額ではなくても、スマホが通じなくなってしまうと連絡が取れずに、友達がどこにいるのかも分からず、返してもらえないままになってしまっているかもしれません。

　会社でも同じように商品を販売した未回収の売掛金や受取手形が回収できなくなってしまうことがあります。

　これらは商品を販売したお客さん（得意先）が倒産してしまったなどの原因によるものです。

　簿記ではこのようなときには貸倒が発生したとして売掛金や受取手形を費用勘定の貸倒損失へ振り替えることになります。

　　売掛金等の回収不能 ━━━▶ **貸倒損失（費用）**

> 🍎 **example**
>
> 　得意先A社が倒産し、当社はA社から未回収の売掛金30,000円と受取手形50,000円が回収できなくなってしまった。
>
> 　　（貸 倒 損 失）　　80,000　　（売 　掛 　金）　　30,000
> 　　　　　　　　　　　　　　　　　（受 取 手 形）　　50,000

　基本的には倒産して回収することができなくなってしまったこれらの売掛金等は回収不能であり諦めるしかありません。

# **2** 貸倒に備えて

会社では掛取引により商品を販売していれば残念ながら貸倒は必ず発生します。

もし貸倒を発生させたくなければ現金による商品販売だけにすればよいのですが、これでは売上高が減ってしまいます。

掛売上をしなければならず、また掛売上をしたことにより貸倒が発生するのであれば貸倒発生に備えて準備をしておくというのはどうでしょうか。

これがこのセクションで計上する貸倒引当金です。

簿記では今後多くの引当金に関する項目を学習します。

これらはすべて将来発生するであろう損失の準備として計上されるものであり簿記独特の考え方によって計上されるものです。

特にこの売掛金や受取手形が将来回収不能になることを考慮して計上される引当金を貸倒引当金といいます。

この貸倒引当金は期末に未回収の売掛金と受取手形にある程度の貸倒発生を予想して、見積により一定額を計上します。

# **3** 貸倒引当金の計上

　売掛金等の回収不能の発生頻度や発生額は正確に予想することは不可能です。会社はさまざまな事情があるため、これに応じ**貸倒発生を予想**して貸倒引当金を計上すべきです。

　そこで貸倒引当金の設定は売掛金等の期末残高に過去の実績割合を参考にして計上することになります。

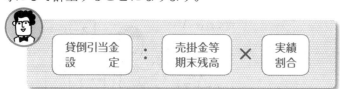

| 貸倒引当金設定 | ： | 売掛金等期末残高 | × | 実績割合 |

### ※実績割合

　　たとえばだいたい毎期末100万円程度の売掛金が未回収で、翌期になりこの金額のうち2万円程度に回収不能が発生していれば貸倒実績割合は2%ということになります。

　　ただしこの割合は各問題で必ず与えられますので、これをそのまま使用して下さい。

$$実績割合（繰入率）：\frac{20,000円}{1,000,000円} = 2\%$$

上記により求めた設定金額で決算整理仕訳を行います。

Look!

### 決算整理仕訳

（貸倒引当金繰入）　×××　　（貸 倒 引 当 金）　×××
　―費用勘定プラス―　　　　　　　　―次頁を参照すること―

## 🍎 example

　期末売掛金550,000円、受取手形450,000円の合計1,000,000円が未回収であるため2%の貸倒引当金を設定する。

　　（貸倒引当金繰入）　20,000　　（貸 倒 引 当 金）　20,000

### ※設定額　　問題で提示

（550,000円 + 450,000円）× 2% = 20,000円

# 4 評価勘定としての貸倒引当金

貸倒引当金を計上する決算整理仕訳には借方と貸方の勘定科目にそれぞれ2つの意味があります。

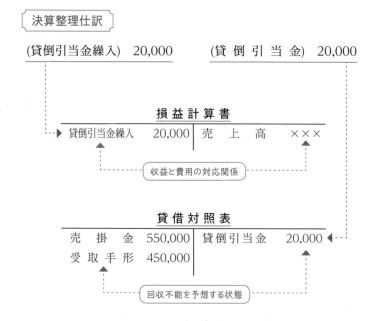

決算整理仕訳の借方の貸倒引当金繰入は費用勘定として収益の売上と対応関係を持たせることができます。

同じく貸方は評価勘定という独特の属性を持つ勘定科目であり貸借対照表では売掛金等に貸倒が発生することを予想している状態を示していることになります。

この貸倒引当金の評価勘定という性格はこれまで類似する勘定科目が一度も出てきたことはありません。つまりここではじめて学習することになりますがとても大事な勘定科目です。

貸倒引当金勘定 —— 属性 ➡ 評価勘定

4
決算の手続き

# **5** 差額補充法による繰入

　決算において翌期の貸倒に備えて貸倒引当金を設定しても、必ずしも翌期で貸倒が発生するわけではありません。極端な場合は貸倒が全く発生せずそのまま翌期末まで前期に計上した貸倒引当金が残っていることもあります。

　このようなときに貸倒引当金を設定する場合、下記の方法で計上を行うことになります。

　この繰入の方法を前期分の残高を考慮して当期分を設定するので差額補充法と呼びます

　繰入に関する決算整理仕訳はP.200で示したものと同じ処理を行います。

---

🍎 **example**

　期末の売掛金800,000円、受取手形700,000円の合計額1,500,000円に対して2%の貸倒引当金を差額補充法で計上する。なお前期末に計上した貸倒引当金の残高が12,000円残っている。

　決算整理仕訳

　　　　(貸倒引当金繰入)　　18,000　　(貸 倒 引 当 金)　　18,000
　　　　　　　―費用勘定―　　　　　　　　　　―評価勘定プラス―

※繰入額
　　　売　掛　金　　受 取 手 形　　　　　　　貸 倒 引 当 金
　　(800,000円 ＋ 700,000円) × 2% － 12,000円 = 18,000円

---

# **6** 貸倒の発生

　最後に貸倒引当金の準備がある場合に実際に貸倒が発生したときの処理を考えてみます。これらの処理は期中処理として考えて下さい。

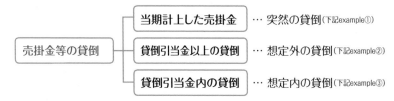

売掛金等の貸倒
- 当期計上した売掛金 … 突然の貸倒(下記example①)
- 貸倒引当金以上の貸倒 … 想定外の貸倒(下記example②)
- 貸倒引当金内の貸倒 … 想定内の貸倒(下記example③)

### example ❶

　当期中に計上した売掛金30,000円が回収不能となった。なお貸倒引当金の残高50,000円ある。

　　　(貸 倒 損 失)　　30,000※　　(売　掛　金)　　30,000

※貸倒損失
　当期計上した売掛金の貸倒には、前期末に計上した貸倒引当金は使用できない。

### example ❷

　前期分の売掛金50,000円が回収不能となった。前期末に40,000円の貸倒引当金を設定している。

　　　(貸倒引当金)　　40,000　　(売　掛　金)　　50,000
　　　(貸 倒 損 失)　　10,000※

※不足分
　貸倒引当金の不足分は貸倒損失を計上します。

### example ❸

　当期に繰り越してきた前期分の売掛金10,000円が回収不能となった。ただし20,000円の貸倒引当金がある。

　　　(貸倒引当金)　　10,000　　(売　掛　金)　　10,000

**4** 決算の手続き

 **チャレンジ問題**

下記に示す貸倒に関する取引の仕訳をやってみましょう。

1. 期末の売掛金270,000円と受取手形330,000円が未回収であるため1％の貸倒引当金を設定する。なお貸倒引当金の設定は当期末が初めてである。

2. 期末の売掛金340,000円と受取手形560,000円に対して2%の貸倒引当金を設定する。ただし前期末に計上した貸倒引当金の残高7,000円が当期末に残っている。

3. 前期分の受取手形50,000円が得意先が倒産して回収不能となった。前期末に貸倒に備えて貸倒引当金30,000円が計上されていた。

4. 得意先A社が倒産して未回収の売掛金70,000円が回収できなくなった。
   この売掛金のうち20,000円は前期から繰越してきたものであり50,000円は当期中に計上したものである。なお前期末に貸倒引当金が15,000円計上されている。

**解答欄**

| | 借　　方 | | 貸　　方 | |
|---|---|---|---|---|
| | 勘定科目 | 金　　額 | 勘定科目 | 金　　額 |
| 1 | | | | |
| 2 | | | | |
| 3 | | | | |
| 4 | | | | |

**解 答**

1. （貸倒引当金繰入）　　6,000※　（貸 倒 引 当 金）　　6,000 ⑩
   ※繰入額
   （270,000円 + 330,000円）× 1 % ＝ 6,000円
   　　売 掛 金　　受 取 手 形　　繰入率

2. （貸倒引当金繰入）　　11,000　（貸 倒 引 当 金）　　11,000
   ※繰入額　　　　　　　　　　　　　　　　　　　　　　　　　　　⑳
   （340,000円 + 560,000円）× 2 % － 7,000円 ＝ 11,000円
   　　売 掛 金　　受 取 手 形　　繰入率　　貸倒引当金

3. （貸 倒 引 当 金）　　30,000　（受 取 手 形）　　50,000
   （貸 倒 損 失）　　20,000※　　　　　　　　　　　　　　㉚

   ※貸倒損失
   　不足分は貸倒損失で処理されることになります。

4. （貸 倒 引 当 金）　　15,000　（売 　 掛 　 金）　　70,000
   （貸 倒 損 失）　　55,000　　　　　　　　　　　　　　㊵

   ※仕訳の意味
   　前期分と当期分の売掛金の貸倒を別々に考えて下記の仕訳を合算したものが
   上記の仕訳です。
   　この問題では解答欄の制限がありますから別々に仕訳するのは現実的には無
   理です。しかし簿記上は下記の仕訳を解答したとしても正解です。

   前期分：（貸倒引当金）　15,000　（売 掛 金）　20,000
   　　　　（貸 倒 損 失）　　5,000
   当期分：（貸 倒 損 失）　50,000　（売 掛 金）　50,000

神レベル
⑳ 以上

**4**

決算の手続き

# 減価償却

## 1 減価償却とは

　固定資産である自動車のような資産は仕事で使っていれば少しずつ傷んできます。

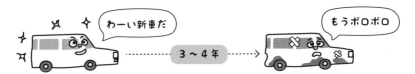

　自動車のような固定資産は購入した時は価値があると考えて資産に計上しました。

　しかし自動車を使っていってその価値が下がればこの部分を資産から費用に振り替えようというのが減価償却と呼ばれる簿記独特の手続です。

　この減価償却は、本当に固定資産の価値減少に見合った金額を計上することはできないので、一定の見積もり金額を費用計上します。

　この固定資産の取得原価を使用している会計期間で減価償却として費用化していく手続を費用配分と呼びます。

# **2** 減価償却費の計算方法

減価償却費の計上は下記の3つの要素を基にして計算します。

まずは固定資産を買ったときの取得金額です。これを費用配分することになります。

次に固定資産は何年くらい営業用として使用できるかという年限で、これを耐用年数と呼びます。

最後はこの固定資産を使用した後のスクラップとしての価値です。これを残存価額といい、通常は取得原価の10%程度と考えます。

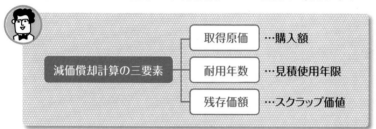

減価償却は上記の3つの要素を基礎に毎年一定額を計上するという定額法と呼ばれる計算方法で行います。

正式な定額法を算式にすれば下記のようになります。

Look!

**4** 決算の手続き

### 🍎 example

取得原価1,000,000円、耐用年数5年、残存価額100,000円(取得原価の10%)として定額法の減価償却費を計算すると次のようになります。

$$毎年の減価償却費：\frac{1,000,000円 - 100,000円}{5年} = 180,000円$$

参考 **定額法**

減価償却の方法は定額法以外にもいくつかの方法があります。これらは、次のステップ(基礎編)で学習します。

# 3 計算上の注意点

固定資産を購入したり売却したのが会計期間年の途中ということが考えられます。

このようなときは1年間を12ヵ月と考えて月割で減価償却費を計上します。

4月1日から3月31日までの1年間が会計期間で10月5日に固定資産を購入し、同日から使用した場合は10月5日から3月31日までの6ヵ月分ということになります。

> 🍎 example
>
> 取得原価500,000円、耐用年数9年、残存価額50,000円で10月5日に固定資産を購入し、同日より使用している場合の減価償却費を計算してみます。ただし、会計期間は4月1日から3月31日までの1年間とします。
>
> 減価償却費： $\dfrac{500,000円-50,000円}{9年} \times \dfrac{6ヵ月}{12ヵ月}$ (10/5～3/31) = 25,000円

この減価償却費の月割計算は1日でも営業用に使用していれば1ヵ月分の減価償却費を計上することになっています。

> 🍎 example
>
> 会計期間が4月1日から3月31日であり、12月1日に固定資産をスクラップにした場合の月割計算はどうなるでしょう。
>
> 4月1日 ～ 12月1日 ➡ $\dfrac{9ヵ月}{12ヵ月}$

# 4 減価償却費の記帳方法

　減価償却費はその名称のとおり「費」という文字が付いていますが他の通信費などの費用と違うところがあります。それは通信費などのようにお金を支払って計上される費用ではないという点です。

　減価償却費の計上はすでに計上済みの固定資産の取得原価の一部を少しずつ費用に振り替えることによって行います。

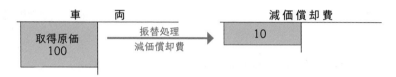

この振替処理は期末において決算整理仕訳として行われます。

決算整理仕訳

左頁の例なら車両になる

直接記帳法 ➡ (減価償却費)　×××　(固 定 資 産)　×××

　この振替処理を固定資産の耐用年数の間、毎期末に行うことにより固定資産の資産勘定の残高は少しずつ減っていきます。この処理を簿記では減価償却費の直接記帳法と呼びます。

4

決算の手続き

## example

　取得原価100,000円の車両を残存価額10,000円、耐用年数3年、決算を1年間として定額法により減価償却し直接記帳法で処理する。

　決算整理仕訳

　　(減価償却費)　　30,000　　(車　　両)　　30,000

　下記の通り3年間で毎年車両が30,000円ずつ減っていくことになります。

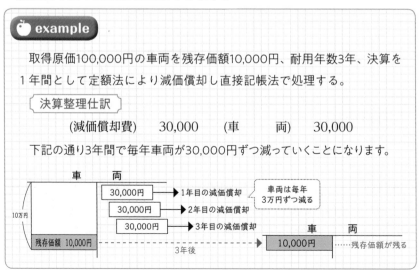

# 5 減価償却累計額

減価償却費の計上には、間接記帳法という方法もあります。

これから減価償却費の計上をするときにはそのほとんどはこの間接記帳法(単純に間接法と呼ぶことも多い)により行います。

この減価償却費の間接記帳法の注意すべきところは貸方(右側)に評価勘定として減価償却累計額を計上する点にあります。

決算整理仕訳 評価勘定

間接記帳法 ➡ (減価償却費) ×××　(減価償却累計額) ×××

Look!

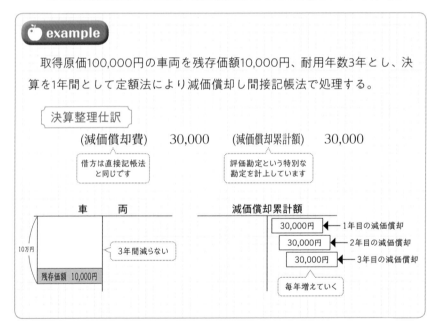

### 🍎 example

取得原価100,000円の車両を残存価額10,000円、耐用年数3年とし、決算を1年間として定額法により減価償却し間接記帳法で処理する。

決算整理仕訳

(減価償却費)　30,000　(減価償却累計額)　30,000

借方は直接記帳法と同じです

評価勘定という特別な勘定を計上しています

| 車　両 | 減価償却累計額 |
|---|---|

10万円

3年間減らない

残存価額 10,000円

30,000円 ←1年目の減価償却
30,000円 ←2年目の減価償却
30,000円 ←3年目の減価償却

毎年増えていく

評価勘定という名称はP.201の貸倒引当金の決算整理仕訳のときにも出てきた勘定科目の属性です。これらの評価勘定というのは、いずれも借方の資産を貸方でマイナス評価していることになります。

# **6** 固定資産の帳簿価額

　固定資産は買ってから売却したりスクラップにしようという時まで減価償却費が計上され、取得原価は減価償却費を計上した部分とまだ減価償却をしていない部分に区別することができます。

　簿記ではこの減価償却費がまだ行われていない部分を帳簿価額と呼び簿記における現時点の価値と考えます。

**※減価償却累計額**

　この減価償却累計額は期中で固定資産が売却される場合は期首から売却が行われた時までの減価償却費を考慮しなければなりません。

---

 **example**

　車両の取得原価100,000円、残存価額10,000円、耐用年数5年として前期末まで購入してから満4年が経過して減価償却累計額が前期末までに72,000円計上されています。

　決算が1年、3月31日が決算日とした場合に(1)期首のこの車両の帳簿価額、また (2)期首から8ヵ月経過した11月29日現在の帳簿価額を考えてみましょう。

(1)期首の帳簿価額

| 取得原価<br>100,000円 | 減価償却累計額<br>72,000円 | 帳簿価額<br>28,000円 | ----→ 100,000円−72,000円 |

(2) 11月29日の帳簿価額

| 取得原価<br>100,000円 | 減価償却累計額<br>72,000円 | | 帳簿価額<br>16,000円 | ----→ 100,000円−72,000円<br>−12,000円 |

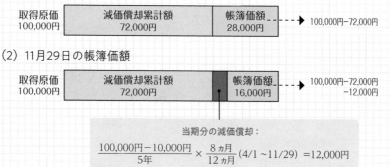

当期分の減価償却:

$$\frac{100,000円-10,000円}{5年} \times \frac{8ヵ月}{12ヵ月}(4/1～11/29) = 12,000円$$

---

**4**

決算の手続き

211

# 7 固定資産の売却

　古くなった固定資産を買換えたり、スクラップにしたときの処理を考えてみます。

　この処理はこの減価償却のセクション、つまり決算時の処理の中で説明していますが期中処理と考えて下さい。

　また今回の固定資産の取得(購入)から減価償却費の計上の中でも一番重要な箇所で、しばしば試験にも出題されます。

　固定資産を売却するようなときには、その売却時の相場で処分されます。人気のあるゲームやソフト等は古くなってもある程度の値段で処分できます。固定資産も同じように高く売られたり、安くしか処分できないものもあります。

　この時に固定資産には簿記上の価値である帳簿価額というものがありますが、この金額と売買価額の差額をどのようにして考えればよいでしょうか。

　もし高く売れたら儲かったので固定資産売却益が、安くしか売れなければ損をしたのですから固定資産売却損が計上されることになります。

　多くの場合、中古の固定資産が帳簿価額より高く売れることはありません。そこで下記の例を考えてみましょう。

---

### 🍎 example

　取得原価100,000円、減価償却累計額70,000円の車両を期首に20,000円で売却し代金は後日受け取ることにした。

| | | | |
|---|---|---|---|
| (未　収　金) | 20,000 | (車　　　両) | 100,000 |
| (減価償却累計) | 70,000 | | |
| (車両売却損) | 10,000 | | |

# 8 期中の売却

　固定資産の売却の多くは期中に行われます。

　したがって帳簿価額は期首から売却時までの減価償却費をマイナスした金額と考えなければなりません。固定資産売却損益を考えるのは、当然ですがこの売却時の帳簿価額を基礎にしなければなりません。

| 固定資産売却益 | 減価償却累計額 | 月割計算した<br>減価償却費 | |
| | 当期分減価償却費 | | |
| | | | 固定資産売却損 |
| ← | 売却時帳簿価額 | → | |
| 売却額（高く売れた） | | | 売却額（安く売れた） |

 **example**

　古くなった車両（取得原価100,000円、期首減価償却累計額72,000円、当期分の減価償却費12,000円）を10,000円で売却し代金は現金で受取った。

| (現　　　金) | 10,000 | (車　　　両) | 100,000 |
| (減価償却累計額) | 72,000 | | |
| (減価償却費) | 12,000 | | |
| (車両売却損) | 6,000 | | |

※内訳

売却時の帳簿価額：100,000円 − 72,000円 − 12,000円 = 16,000円
（取得原価）（減価償却累計額）（減価償却費）

車両売却損：16,000円 − 10,000円 = 6,000円
（帳簿価額）（売却額）

**指令**

チョー重要な取引なのでこのページの仕訳を最低5回はやりましょう。

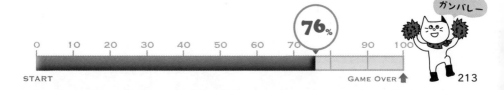

ガンバレー

76%

0　10　20　30　40　50　60　70　　　90　100

**4** 決算の手続き

### ★ チャレンジ問題

　下記に示す固定資産の減価償却等に関する処理をやってみましょう。すべて会計期間は4月1日から3月31日までの1年、減価償却費の計算方法は毎期同一額が計上される定額法によっていることにします。

1.　備品（取得原価200,000円）について耐用年数6年、残存価額は取得原価の10%として直接記帳法によって減価償却費を計上する。

2.　建物を期中12月28日に取得し、新年1月4日から事業用に使用を開始した。この建物の建築費は2,000,000円であり、登記等に300,000円の支出をしている。
　　建物の耐用年数を30年、残存価額を取得原価の10%として間接記帳法で減価償却費を計上する。

3.　期中6月1日に古くなった備品500,000円（期首減価償却累計額400,000円、耐用年数9年、間接記帳法、残存価額50,000円）を30,000円で売却し代金は後日受け取ることにした。

### 解答欄

|  | 借　　方 |  | 貸　　方 |  |
|---|---|---|---|---|
|  | 勘定科目 | 金　　額 | 勘定科目 | 金　　額 |
| 1 |  |  |  |  |
| 2 |  |  |  |  |
| 3 |  |  |  |  |
|  |  |  |  |  |
|  |  |  |  |  |

## 解 答

1. （減価償却費）　　30,000　　（備　　品）　　30,000 **20**

※内訳

$$\frac{200,000円 - 200,000円 \times 0.1}{6年} = 30,000円$$

減価償却費の計算は今後次のように考えて電卓で計算してください。

では 200,000 ☒ 0.9 ➗ 6 ＝ 30,000
分子の200,000円－200,000円×0.1と同じ結果になります。

2. （減価償却費）　　17,250　　（減価償却累計額）　　17,250 **30**

建物減価償却累計額でもOK

※内訳

減価償却費は取得日でなく事業用として使用開始した日から計上します。

建物の取得原価：2,000,000円 ＋ 300,000円 ＝ 2,300,000円

減 価 償 却 費：$\dfrac{2,300,000円 - 2,300,000円 \times 0.1}{30年} \times \dfrac{3\text{ヵ月}}{12\text{ヵ月}}$ (1/4～3/31)

$=17,250円$

では 2,000,000 ⊞ 300,000 ☒ 0.9 ➗ 30 ☒ 3 ➗ 12 ＝ 17,250

3. （未 収 金）　　30,000　　（備　　品）　　500,000 **50**
（減価償却累計額）　400,000
（減価償却費）　　12,500
（備品売却損）　　57,500 ◁ 固定資産売却損勘定でもOK

※内訳

$$\frac{500,000円 - 500,000円 \times 0.1}{9年} \times \frac{3\text{ヵ月}}{12\text{ヵ月}} \ (4/1～6/1) = 12,500円$$

神レベル **80** 以上

**4**
決算の手続き

 第4章 決算の手続き

# section 5 売買目的有価証券の評価

値上がりをもくろん
だ株の値下がりでは
はミジメ

## 1 期末時価評価

会社は値上がりによる儲けを目的として株式等を保有することがあります。これを株式投資などと呼んだりします。

株式投資 ← 株式の値上がりによる儲け

この値上がりを目的にして保有する株式などは資産勘定の売買目的有価証券勘定に計上しました。

もしこの有価証券を売却せずに決算時に保有していれば、この決算の時の時価は買った時の時価とは違っていて値上がりしたり、値下がりしているはずです。

そこで決算では、この差額を有価証券の評価損益として計上します。

| 時　価 | 有価証券 | 時　価 |
|---|---|---|
| 値　上 ← | 取得原価 → | 値　下 |
| 有価証券評価益 | | 有価証券評価損 |

> 🍎 **example**
>
> 株式投資としてA社株式（取得原価150,000円）とB社株式（取得原価230,000円）を保有していた。決算における時価がそれぞれA社株式190,000円、B社株式220,000円になっていたので評価替を行う。
>
> A社株式：(売買目的有価証券)　40,000　(有価証券評価益)　40,000
> B社株式：(有価証券評価損)　10,000　(売買目的有価証券)　10,000
>
> **※相殺処理**
> 簿記のルールでは、評価損と評価益を相殺して差し引き30,000円の評価益だけを計上します。

# **2** 翌期の処理

　売買目的有価証券は決算日の時価で貸借対照表に計上します。

　さてこの売買目的有価証券を決算日で時価評価し、そのままにしておけば、翌期ではこの有価証券は前期末の時価のままで計上されていることになります。

　もし翌期において、前期末の評価額を引き続き取得原価と考えて売却したときは、この前期末の評価額と売却額の差額が有価証券売却損益に計上されます。

　また逆に前期に実際に購入した時の取得原価に戻してから売却損益にしようという考え方もあります。これらはそれぞれ下記のように呼ばれています。

翌期の帳簿価額 ─┬─ 前期末の時価 …切放法
　　　　　　　　 └─ 本来の取得原価 …洗替法

　切放法は翌期首において特に処理は必要ありません。しかし洗替法は取得原価に戻すために前期末に計上した有価証券評価損益を取消(相殺)する処理が必要です。

**4**

決算の手続き

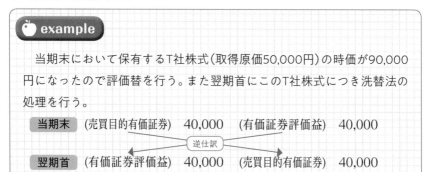

### 🍎 example

　当期末において保有するT社株式(取得原価50,000円)の時価が90,000円になったので評価替を行う。また翌期首にこのT社株式につき洗替法の処理を行う。

| **当期末** | (売買目的有価証券) | 40,000 | (有価証券評価益) | 40,000 |
|---|---|---|---|---|
| | | 逆仕訳 | | |
| **翌期首** | (有価証券評価益) | 40,000 | (売買目的有価証券) | 40,000 |

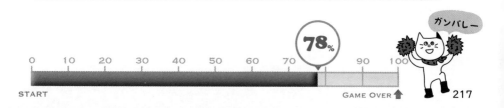

ガンバレ—

**78**%

0　10　20　30　40　50　60　70　　90　100

# 現金過不足

## 1 期中での現金残高の不一致

　期中に現金勘定の残高と金庫の中にある現金の本当の残高が合っていないということが発生することが考えられます。

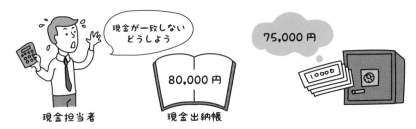

現金担当者　　　　現金出納帳

　このような時には緊急的に帳簿残高を75,000円に修正してあげます。ここで使用されるのが現金過不足と呼ばれる便利な勘定です。

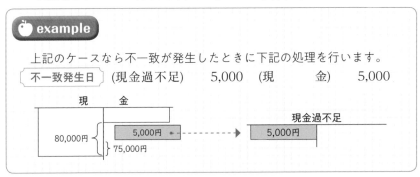

**example**

上記のケースなら不一致が発生したときに下記の処理を行います。

不一致発生日　(現金過不足)　　5,000　(現　　金)　　5,000

　この現金過不足勘定は、臨時的に現金残高を一致させるための勘定で中間勘定という特別な性格を持っています。
　この中間勘定は資産から収益までの通常の5つの分類に属さない特殊な勘定科目です。

現金過不足勘定　——　属性　——→　中間勘定

# 2 不足分の原因判明、不明のとき

　この現金過不足勘定は不一致の原因が判明するまでの一時的な使用を目的にしています。

　左頁の現金の不足額5,000円のうちの3,000円の原因がスマホ料金支払の記帳漏れであったことが2日後にわかったとします。このときは現金過不足5,000円うち3,000円だけを通信費に振替えます。

（通　信　費）　　3,000　（現金過不足）　　3,000

　また決算までこの不足した原因が判らなかった残額は決算整理仕訳として雑損勘定へ振り替えることになります。

決算整理仕訳

（雑　　損）　　×××　　（現金過不足）　　×××
－振替えるために貸方の計上－

　左頁の現金過不足5,000円のうちの不足原因の判らない2,000円は決算において雑損として処理する。

決算整理仕訳　（雑　　損）　　2,000　（現金過不足）　　2,000

※雑損勘定
　この科目に似ている勘定に雑費という勘定科目がありますが、雑費では間違いになります。

**4** 決算の手続き

# **3** 現金超過の発生

　現金の帳簿残高と実際残高との不一致は、不足ばかりではありません。

　現金の実際の残高である金庫の中のお金の方が帳簿残高より多いということも起こるかもしれません。

　この時にも現金勘定の残高を現金過不足勘定を使って増やします。

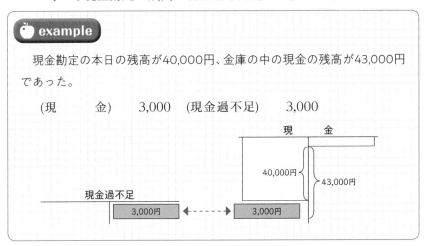

　このような超過状態が発生したのは現金の入金の記帳漏れが原因です。

　現金超過時に一時的に現金過不足勘定に振り替えたこの超過分は、その後原因が判れば該当する科目に振替を行います。

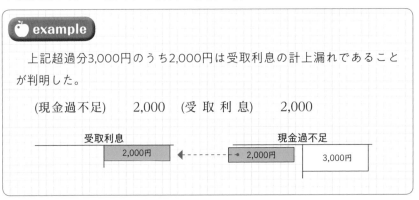

# 4 超過分の決算整理仕訳

　現金の超過が発生し、その原因を調べても発生原因が判らないことも
あるでしょう。

　このような時は、超過額が現金過不足勘定の貸方に計上されたままの
状態で決算になってしまいます。

　決算では、この貸方の現金過不足勘定の残高を決算整理仕訳として雑
益勘定に振替えます。

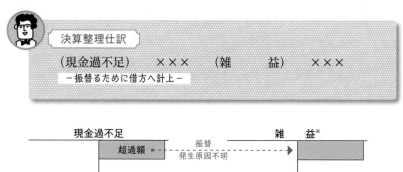

決算整理仕訳

（現金過不足）　×××　（雑　　益）　×××
－振替るために借方へ計上－

現金過不足　　　　　　　　　　雑　益※
超過額　→┄┄　振替　┄┄→
　　　　　発生原因不明

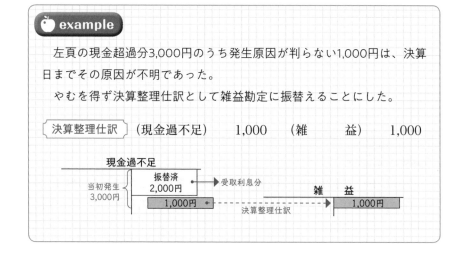

🍎 example

　左頁の現金超過分3,000円のうち発生原因が判らない1,000円は、決算
日までその原因が不明であった。

　やむを得ず決算整理仕訳として雑益勘定に振替えることにした。

決算整理仕訳　（現金過不足）　1,000　（雑　　益）　1,000

現金過不足
当初発生｛　振替済　　→受取利息分
3,000円　　2,000円
　　　　　1,000円　←┄┄┄┄┄┄→　雑　益
　　　　　　　　　　決算整理仕訳　　　1,000円

4
決算の手続き

# **5** 決算での不足額の発生

　現金の不足や超過という事態は期中ばかりではなく決算においても発生します。

　決算でこの不足や超過が発生したときには、会計処理に際して注意しなければならないことがあります。

　それは現金過不足勘定の計上ができないということです。

　この現金過不足勘定はそもそも期中において現金過不足が発生した時に一時的、緊急避難用に使用するための科目でした。

　したがって決算では現金過不足勘定を計上することはできません。

| 現金過不足勘定 | ⟶ | 期中だけで計上が認められる |

　では決算で現金の過不足が発生したらどうしたら良いでしょうか。

　このようなときは不足額や超過額の原因不明額はストレートに現金勘定から、雑損または雑益勘定に振替えてください。

**不足額のケース**

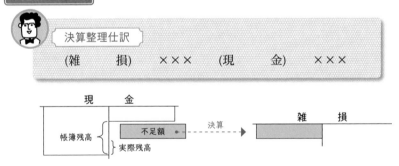

　決算整理仕訳

| (雑　　損) | ×××　 | (現　　金) | ××× |

🍎 **example**

　決算において金庫の中の現金の実際残高を調査したところその残高は18,000円であり、現金勘定残高20,000円より2,000円足りないことが判った。

　決算整理仕訳

| (雑　　損) | 2,000 | (現　　金) | 2,000 |

# **6** 決算での超過額の発生

　決算における現金残高の調査により不足または超過の状態が発生していて、その原因が調査よりすぐ判ることもあると思います。

　このような時は決算において現金の入金、出金の仕訳を追加処理してやることになります。

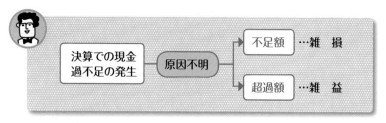

決算での現金過不足の発生 ─ 原因不明 ─ 不足額 … 雑　損 / 超過額 … 雑　益

🍎 **example**

　決算において現金の残高調査を行った結果、元帳の現金勘定の残高は26,000円、金庫の中の現金の実際残高は31,000円であり5,000円の超過が発生していた。

　直ちに担当者にこの超過額を調べさせたところ4,000円はA社より手数料を受取ったときの計上漏れであることが判ったが残り1,000円の発生原因は判らなかった。

　この時の決算整理仕訳を示しなさい。

　決算整理仕訳

| （現　　金） | 5,000 | （受取手数料） | 4,000 |
|---|---|---|---|
| | | （雑　　益） | 1,000 |

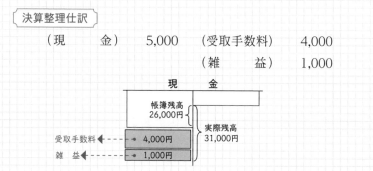

現　　金

帳簿残高 26,000円　　実際残高 31,000円

受取手数料 ◀- - - 4,000円
雑　益 ◀- - - - - - 1,000円

**82%**

もうすこし〜

4

決算の手続き

 チャレンジ問題

下記に示す売買目的有価証券と現金過不足の仕訳をやってみましょう。

1. 保有する売買目的有価証券に関する取得原価と期末時価が下記のようになっているので評価替を行う。ただし評価に関する処理は有価証券評価益と評価損を相殺したひとつだけの仕訳で行うこと。

| 銘　　柄 | 取得原価 | 期末時価 |
|---|---|---|
| A社株式 | 53,000円 | 59,000円 |
| B社株式 | 87,000円 | 61,000円 |
| 計 | 140,000円 | 120,000円 |

2. 期中において現金勘定の残高180,000円、金庫の実際の現金残高165,000円が明らかになった。直ちに原因を調査したところ5,000円は交通費の計上漏れであることが判明したが残額は不明であり引き続き調査中である。

3. 決算になり上記2. の不足額の原因が判らない10,000円のうち3,000円は事務用品を購入した際のレシートを発見した。なお残額7,000円は原因が判明しなかった。

4. 期中において現金勘定残高14,000円に対して金庫の中の現金が18,000円であることが判明した。原因は現在調査中である。

5. その後、上記4. の超過分4,000円の発生原因のうち3,000円は受取手数料の計上漏れであることが判明した。

6. 決算になっても上記4. の超過分4,000円のうちの1,000円はその発生原因が判明しないため適切な処理を行った。

## 解答欄

| | 借方 | | 貸方 | |
|---|---|---|---|---|
| | 勘定科目 | 金額 | 勘定科目 | 金額 |
| 1 | | | | |
| 2 | | | | |
| | | | | |
| 3 | | | | |
| | | | | |
| 4 | | | | |
| 5 | | | | |
| 6 | | | | |

## 解答

1. （有価証券評価損） 20,000 （売買目的有価証券） 20,000 20

※複数の売買目的有価証券について期末評価を行った結果はひとつの仕訳で行うことが基本ルールですから覚えておきましょう。

180,000円−165,000円

2. （旅費交通費） 5,000 （現　　金） 15,000 20
（現金過不足） 10,000 発生原因不明分だけ

3. （消　耗　品） 3,000 （現金過不足） 10,000 20
（雑　　損） 7,000 2.の左側と相殺できる

4. （現　　金） 4,000 （現金過不足） 4,000 20
期中の超過時は右側で計上

5. （現金過不足） 3,000 （受取手数料） 3,000 10
4.の右側を相殺するため

6. （現金過不足） 1,000 （雑　　益） 1,000 10

神レベル 80 以上

**指令**

現金過不足の仕訳がわかっていないときは最低5回仕訳しましょう。

section
**7**

第4章　決算の手続き

# 経過勘定

払い過ぎたら返して
ほしいのが本音だけ
ど…

## **1** 経過勘定とは何か

　会社が支払う費用の中には、少額であることや支払う手間を考えて1年分を1回で支払ってしまうようなものがあります。

> 🍎 **example**
>
> 　下記のようにもし1年分のリース料12,000円を7月1日に現金で支払えば、その全額をリース料という費用勘定に計上します。
>
> ```
>                    ┌──── 1年分 ────┐
>        7/1                    3/31      6/30
>        │                       │         │
>    1年分リース料              決算日    契約満了
>    12,000円
> ```

　しかしよく考えると決算日が3月31日だとすると1年分全額を当期の費用とすることに疑問はないでしょうか。

　このとき7月1日から3月31日までの9ヵ月分は当期の費用になります。しかし翌期の4月1日から6月30日までの3ヵ月分は、いくら支払っているとしても当期の費用に計上することには疑問があります。

　このように1年分を1回で全額支払ってしまったような費用については当期中の9ヵ月分と翌期の3ヵ月分を区別する処理を決算で行います。

　簿記ではこの3ヵ月分を経過勘定を計上すると考えます。

```
一括払い ──┬── 当期分    …9ヵ月分は当期の費用
費用勘定    └── 翌期分    …3ヵ月分は翌期の費用
```

　この経過勘定は費用と収益について超過分、不足分として全部で4項目があります。これらは簿記学習では重要な箇所です。

　※経過勘定

　　経過勘定というのは、資産勘定のような勘定科目の属性を示すものではありません。正式には経過勘定項目と表現したほうがわかりやすいかもしれません。

# **2** サービスの提供という考え方

　スマホの料金は、スマホを持っていれば、基本的に電話やメールをしなくても毎月利用料が発生しています。

　これに対して有料のゲーム等を買えば、買った分だけの代金の支払いを請求されます。

　これらはいずれもスマホ関係の支払いです。しかし通話料は毎月支払い続けますがゲーム料金は買った分だけを一度支払いするだけです。

　このセクションで学習する経過勘定という勘定科目は、通話料金のような毎月発生しているサービスに対して支払っている費用等に超過分や不足分があればこれを修正しようというものです。

　このサービスの提供という考え方はどうでしょう。目に見える何かの物ではなく目には見えないが何かをしてもらった、あるいは何かをやったことを意味しています。

　電車賃や大学の授業料また電話料金などは、よく考えると目に見える何か「物」を買ったわけではありませんがその支払をしています。

　これらは目に見えないサービスを提供されたことに対する対価の支払をしているということなのです。

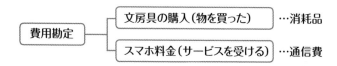

**4**

決算の手続き

# 3 前払費用

ここでもう一度先ほどのP.226のケースのことを考えてみましょう。

7月1日に現金で支払ったパソコン等の事務器リース料が1年分で12,000円(＝＠1,000円×12ヵ月)であり3月31日が決算日だったとします。

費用勘定に計上されたリース料12,000円のうち9,000円(7月1日〜3月31日)は当期分の費用、残り3,000円は超過払いしたリース料ということになります。

さてこの超過払いした分3,000円のリース料は翌期に属する費用ですから、当期のリース料から翌期のリース料へ振り替える必要があります。この時に用いられるのが資産勘定の前払リース料(前払費用勘定とすることもある)です。

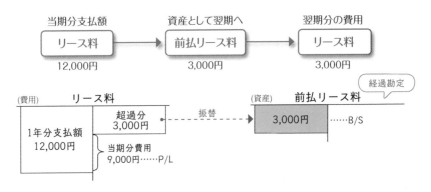

これを決算整理仕訳として下記の処理を行います。

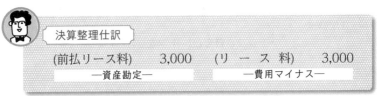

決算整理仕訳

(前払リース料)　　3,000　　(リ ー ス 料)　　3,000
　　　　―資産勘定―　　　　　　　　―費用マイナス―

参考

決算整理仕訳後の財務諸表を示せば次のようになります。

| 損益計算書 | | 貸借対照表 | |
|---|---|---|---|
| リース料 | 9,000 | 前払リース料 | 3,000 |

# 4 未払費用

会社にすでに請求書が届いており近日中にその支払いをしなければならない費用があればこれは未払金に計上します。

 example

先日自動車の修理を行い3月末日(決算日)に修理会社から10,000円の請求書が送付されてきたが、翌月に支払う予定である。

| 決算整理仕訳 | (修 繕 費) | 10,000 | (未 払 金) | 10,000 |

また費用の中には水道光熱費のように継続して使用し、後から請求書が届きその支払をするようなものもあります。

このような継続使用により費用計上をしなければならないものに未払いがあれば費用を追加計上します。

 example

水道代の請求書は届いていないが、決算まで使用分5,000円があると考えた場合は下記の処理を行います。

| 決算整理仕訳 | (水道光熱費) | 5,000 | (未払水道光熱費) | 5,000 |
| | —費用を計上する— | | —将来支払義務がある— | |

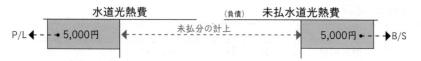

この仕訳は貸方に経過勘定に属する未払水道光熱費(未払費用)を計上しています。しかし上のexample内の修理代未払10,000円は未払金が計上されています。

### ※未払金と未払水道光熱費の違い

これは修理代は修理がすでに完了して支払いが行われていない状態に対して、水道代は決算日現在、代金の請求書が届いていないという違いによるものです。

(参考)

決算整理仕訳後の財務諸表を示せば次のようになります。

|  損益計算書 | | | 貸借対照表 | |
|---|---|---|---|---|
| 水道光熱費 | 5,000 | | 未払水道光熱費 | 5,000 |

 チャレンジ問題

　下記に示す前払と未払に関する経過勘定に関する決算整理仕訳を考えてみましょう。また会計期間は４月１日から３月31日とします。

1.　７月１日に1年分の建物に関する火災保険料12,000円(=@1,000円×12ヵ月)を現金で支払った。

2.　決算において上記保険料の翌期分である４月１日から６月30日までの３ヵ月分を経過勘定である前払保険料勘定に振り替えた。

3.　１月１日に現金を1,200,000円を利率年１％で１年間を条件に銀行から借り入れた。なお利息12,000円は1年後の借入金返済時に支払うことにした。

4.　決算において上記借入金の利息のうち１月１日から３月31日までの３ヵ月を未払利息として経過勘定を計上することにした。

### 解答欄

|  | 借　　方 | | 貸　　方 | |
|---|---|---|---|---|
|  | 勘定科目 | 金　　額 | 勘定科目 | 金　　額 |
| 1 |  |  |  |  |
| 2 |  |  |  |  |
| 3 |  |  |  |  |
| 4 |  |  |  |  |

### 解　答　　保険料でもOK

1.（支 払 保 険 料）　12,000　　（現　　　　　金）　12,000 **10**

2. （前払保険料） 3,000 （支払保険料） 3,000 **40**

前払費用でもOK

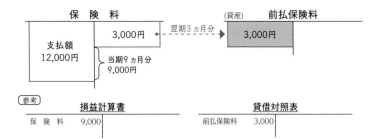

3. （現 金）1,200,000 （借 入 金）1,200,000 **10**
4. （支払利息） 3,000 （未払利息） 3,000 **40**

未払費用でもOK

1月1日から3月31日までの3ヵ月間に銀行からお金を借りているので、この部分のサービス提供に対する対価を代金支払いをしていませんが計上するということです。

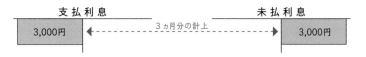

※未払利息の金額 1%

$1,200,000円 \times 0.01 \times \dfrac{3\,ヵ月}{12\,ヵ月}\ (1/1 \sim 3/31) = 3,000円$

参考

| | 損益計算書 | | 貸借対照表 | |
|---|---|---|---|---|
| 支払利息 | 3,000 | | 未払利息 | 3,000 |

※勘定科目の名称について
　上記2及び4の経過勘定の名称は前払保険料、未払利息勘定を使用していますが前払費用、未払費用という勘定科目を使用して仕訳をしても正解です。

前払保険料勘定 ◀──▶ 前払費用勘定
未払利息勘定 ◀──▶ 未払費用勘定

神レベル
**80** 以上

**4**
決算の手続き

**指令**
2と4はチョー重要な仕訳なので問題をもう一度読み最低3回仕訳しましょう!!

231

# 5 未収収益の考え方

費用について超過払いや支払不足があるのと同じように収益についても超過受取や受取不足が発生することが考えられます。

これは継続してサービスを提供することと、その対価の受取のタイミングにズレがあるからです。

| 通学定期代6ヵ月分 | ←→ | バス乗車は半年後 |

たとえば1年後に家賃を1年分36,000円(＝@3,000円×12ヵ月)受取る条件で倉庫を7月1日に貸借したとします。

この後9ヵ月経過して3月31日に決算を迎えたときには7月1日から3月31日までの9ヵ月分の家賃27,000円(＝@3,000円×9ヵ月)はまだ受取っていません。しかし当社ではすでに倉庫を貸してサービスの提供をしています。

```
                    会計期間
        ┌─────────────────────────────┐
  ──────┼──────┼──────────────┼──────┼──────
       4/1    7/1   27,000円   3/31   6/30
              └──────────────────────┘
                      貸借期間
```

したがってこの9ヵ月(27,000円)はすでに家賃を受取るべき権利が発生していると考えて下記の処理を期末に行います。

決算整理仕訳

(未 収 家 賃)　27,000　　(受 取 家 賃)　27,000
　－資産勘定プラス－　　　　　　－収益計上は右側－

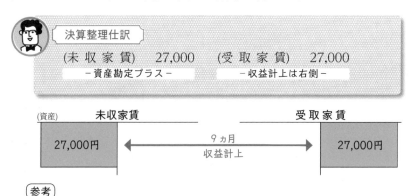

| (資産)　未収家賃 | | 受取家賃 |
|---|---|---|
| 27,000円 | 9ヵ月 収益計上 | 27,000円 |

参考

決算整理仕訳後の財務諸表を示せば次のようになります。

| 損益計算書 | | 貸借対照表 | |
|---|---|---|---|
| | 受取家賃　27,000 | 未収家賃　27,000 | |

# **6** 超過収益の取扱い

　収益についてサービスを提供する前に対価を先に受取っているようなこともあります。

　たとえば取引先に500,000円を1年後返済の条件で貸付け、先に1年分の利息10,000円を受取っていれば下記の処理が行われます。

```
(貸 付 金) 500,000    (現    金) 490,000
                       (受 取 利 息)  10,000
```

　もし、この貸付が行われたのが7月1日で返済期限が1年後の6月30日、決算日が3月31日とすると、決算日現在では翌期分の4月1日から6月30日までの3ヵ月分の利息は超過して受け取っていることになります。

$$超過受取分：10,000円 \times \frac{3ヵ月(4/1〜6/30)}{12ヵ月(7/1〜6/30)} = 2,500円$$

　この金額を決算整理仕訳として経過勘定である前受利息という負債勘定に計上します。

```
決算整理仕訳
(受 取 利 息)  2,500    (前 受 利 息)  2,500
  －収益マイナス－        －負債勘定の計上－
```

（欄外）**4** 決算の手続き

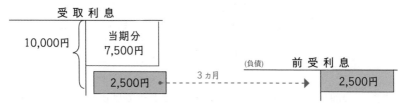

**参考**
決算整理仕訳後の財務諸表を示せば次のようになります。

| 損益計算書 | | | 貸借対照表 | |
|---|---|---|---|---|
| 受取利息 | 7,500 | | 前受利息 | 2,500 |

# 7 前払費用等の科目の性質

このセクションで説明している前払費用等の経過勘定項目は全部で4つあり、それぞれが費用と収益の超過分あるいは、不足分として計上されています。

| 処　理 | 勘定科目 | 性　質 | 費用、収益との関係 |
|---|---|---|---|
| 費用修正 | 前払費用 | 資　産 | 超過払の費用をマイナス |
| | 未払費用 | 負　債 | 支払っていない費用をプラス |
| 収益修正 | 未収収益 | 資　産 | 受け取っていない収益をプラス |
| | 前受収益 | 負　債 | 超過受取分収益のマイナス |

この前払費用等を決算で計上するときには借方、貸方に計上する勘定をそれぞれ下記のように考えて左側、右側のイメージできる方から先に計上するといいでしょう。

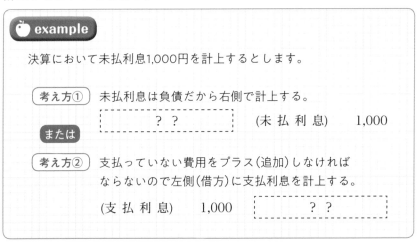

> **example**
>
> 決算において未払利息1,000円を計上するとします。
>
> （考え方①）未払利息は負債だから右側で計上する。
>
> 　　　　　？？　　　　　　（未 払 利 息）　　1,000
>
> **または**
>
> （考え方②）支払っていない費用をプラス（追加）しなければ
> ならないので左側（借方）に支払利息を計上する。
>
> （支 払 利 息）　1,000　　　　　？？

またこの前払費用等をこれから問題文によっては古い日本語なのですが繰延や見越と表現することもあります。

> 繰　延 ➡ 前払費用、前受収益を計上すること。
>
> 見　越 ➡ 未払費用、未収収益を計上すること。

# 8 現金主義と発生主義

　このページで説明するお話は、簿記のことではなく、簿記の背景にある会計学に関する内容です。

　税理士試験では、簿記論以外にも会計科目として財務諸表論という科目に合格しなければなりません。この科目は記述式の文章による解答をする必要があるのですが、このための学習をするのが会計学に関する内容です。

　このセクションで学習する前払保険料等は現金で支払った、あるいは受取った金額をそれぞれ費用収益として計上していますが、これを決算において実際にサービス提供に見合った部分を調整するためのものです。

　この前払保険料等を計上する処理を会計学では、期中現金の入出金により費用収益を計上する現金主義をサービス提供に応じた費用収益計上基準である発生主義に修正するための手続であると考えます。

　ちょっとわかりずらいかもしれませんが前払費用等の計上は会計学上における正しい当期純利益を計算するための作業だと考えてください。

4

決算の手続き

# **9** 発生主義を現金主義に戻してやる

　前払費用等は、サービス提供に応じた費用収益の計上という会計学の事情により決算で計上されたものです。これにより各費用、収益はサービス提供等に応じて発生主義による適切な金額が損益計算書に計上されます。

　また、その見返りとして計上された前払費用等は資産、または負債として貸借対照表に計上されます。

　この前払費用等の経過勘定ですが、翌期首において再度現金主義に戻してやる処理をします。

　これは期中の費用、収益は現金主義による記帳で行う方が簡単で便利だからという理由です。

　つまり結果的には、期中は費用収益を現金主義で記帳して、決算では発生主義と呼ばれる方法に修正してやるということです。

　このために翌期首に行われるのが再振替仕訳と呼ばれる仕訳です。この仕訳は前期末に行った前払費用等を計上した決算整理仕訳の貸借逆の仕訳を期首の日付で行います。

# 10 再振替仕訳

　再振替仕訳は前期末に行われた前払費用等の計上をした**決算整理仕訳の貸借逆の仕訳**をするだけです。

　これはなぜでしょう。

　この逆仕訳の理由は、期中の現金主義記帳を決算で発生主義に修正し、これを再度、翌期首に発生主義から現金主義に戻すためです。

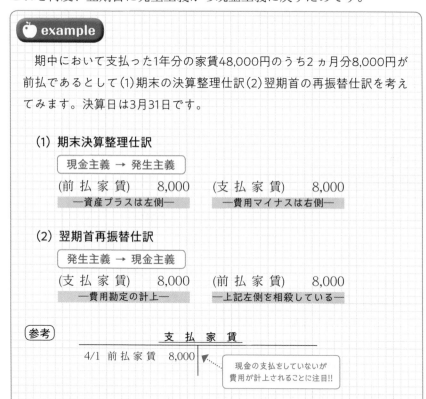

　🍎 **example**

　期中において支払った1年分の家賃48,000円のうち2ヵ月分8,000円が前払であるとして(1)期末の決算整理仕訳(2)翌期首の再振替仕訳を考えてみます。決算日は3月31日です。

(1) **期末決算整理仕訳**

　　　　現金主義 → 発生主義

　　(前 払 家 賃)　　8,000　　　(支 払 家 賃)　　8,000
　　　―資産プラスは左側―　　　　　　―費用マイナスは右側―

(2) **翌期首再振替仕訳**

　　　　発生主義 → 現金主義

　　(支 払 家 賃)　　8,000　　　(前 払 家 賃)　　8,000
　　　―費用勘定の計上―　　　　　　―上記左側を相殺している―

　参考

　　　　　　　　　支 払 家 賃
　　4/1 前払家賃　8,000

　　　　　　現金の支払をしていないが
　　　　　　費用が計上されることに注目!!

　再振替仕訳に関しては2つのことをマスターしてください。

　まずひとつは具体的な仕訳は前期末の**決算整理仕訳の貸借逆の仕訳**をすること。

　そしてもうひとつはこの再振替仕訳は簿記では暗黙の了解として必ず**期首に行われている**ということです。

4
決算の手続き

# 11 消耗品の処理

　この消耗品の処理は、これまでに説明した継続するサービスに関する経過勘定項目である前払費用等とは関係のないお話です。

　したがって決算整理事項の最後の補足的な説明だと考えてください。

　さて費用計上するものの中に、物品を買って計上する費用があります。

　この代表的な費用が文具類やコピー用紙、トイレットペーパー等の物品の購入による消耗品費です。

　実はこの消耗品の購入に関する処理には2つの方法があります。

　一方は消耗品を購入した際に費用勘定の消耗品費を計上する方法です。またもう一方は、物品であるということから資産勘定の消耗品を計上する方法です。会社はこのいずれかの方法を自由に選んで処理することができます。

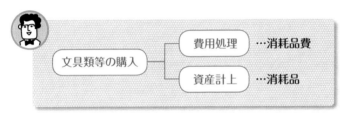

---

### example

　コピー用紙を3箱購入したところ15,000円であった。支払は月末に他の支払いと一括して行うことにした。
この処理を(1)費用処理(2)資産計上する処理でそれぞれ示しなさい。

　費用処理：(消 耗 品 費)　15,000　　(未 払 金)　15,000

　資産計上：(消　耗　品)　15,000　　(未 払 金)　15,000

---

　問題上は必ず上記いずれの処理を行うかの指示があるので、それに従って仕訳をしてください。

# **12** 消耗品の決算整理仕訳

コピー用紙等は一回で大量に買いますが、使うのは少しずつです。したがって決算では未使用分の残りが必ずあるはずです。

この未使用分は、倉庫等に残っていて、決算では棚卸によりその在庫量を調べなければなりません。したがって消耗品も商品と同じように棚卸資産と考えることができます。

消耗品は2つの処理方法がありました。これと未使用分のあることを考えて次のような決算整理仕訳をそれぞれ行います。

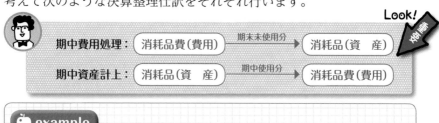

Look!

期中費用処理：　消耗品費（費用）　──期末未使用分→　消耗品（資　産）

期中資産計上：　消耗品（資　産）　──期中使用分→　消耗品費（費用）

---

🍎 **example**

期中消耗品を1,000円購入し、この内700円を使用し300円が未使用であった場合(1)期中費用処理(2)期中資産計上していた場合の決算整理仕訳を示しなさい。

**(1) 期中費用処理**

(消 耗 品)　　　300　　(消 耗 品 費)　　　300

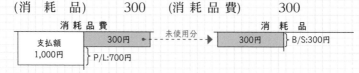

消耗品費

| 支払額 1,000円 | 300円 |
| P/L:700円 |

──未使用分→

消耗品

| 300円 }B/S:300円 |

**(2) 期中資産計上**

(消 耗 品 費)　　700　　(消 耗 品)　　　　700

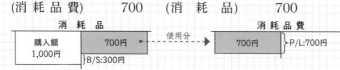

消耗品

| 購入額 1,000円 | 700円 |
| }B/S:300円 |

──使用分→

消耗品費

| 700円 }P/L:700円 |

**参考** いずれの処理、決算整理仕訳を行っても結果は同じです。

| 貸借対照表 | | 損益計算書 | |
|---|---|---|---|
| 消 耗 品 | 300 | 消耗品費 | 700 |

あとちょっと

**4**
決算の手続き

## チャレンジ問題

下記に示す処理をそれぞれ仕訳しなさい。なお会計期間は4月1日から3月31日とします。

1. 11月1日に支払った1年分の家賃24,000円(＝@2,000円×12ヵ月)について決算において前払を計上する。

2. 前期末において計上した借入金に関する未払利息5,000円について当期首における再振替仕訳を行う。

3. 7月1日に1年間の条件で貸付けた2,000,000円、利率年2％で貸付時に受取った利息につき決算において前受利息を計上する。

4. 土地空スペースを取引先に駐車場として貸付け年間12,000円を後から12月末に1年分後払いとして受取ることにしている。決算において3ヵ月を未収地代として計上する。

5. 期中にボールペン等の文具類を58,000円購入したが未使用分が決算において2,500円ある。当社では消耗品は期中に費用計上して処理している。

## 解答欄

|  | 借 方 |  | 貸 方 |  |
|---|---|---|---|---|
|  | 勘定科目 | 金 額 | 勘定科目 | 金 額 |
| 1 |  |  |  |  |
| 2 |  |  |  |  |
| 3 |  |  |  |  |
| 4 |  |  |  |  |
| 5 |  |  |  |  |

## 解 答

**1.**（前 払 家 賃）　14,000　（支 払 家 賃）　14,000 **10**

※ 前払家賃（前払費用でも正解）の内訳
@2,000円×7ヵ月(4/1～10/31)＝14,000円

**2.**（未 払 利 息）　5,000　（支 払 利 息）　5,000 **30**

※再振替仕訳（未払費用でも正解）
前期末に計上した未払利息は支払っていない利息を負債として計上して
いるので下記の決算整理仕訳を行っています。
再振替仕訳はこの逆仕訳を行うことになります。

（支 払 利 息）　5,000　（未 払 利 息）　5,000

**3.**（受 取 利 息）　10,000　（前 受 利 息）　10,000 **30**

※前受利息（前受収益でも正解）の内訳

$$2,000,000円×2\%×\frac{3ヵ月(4/1～6/30)}{12ヵ月(7/1～6/30)}=10,000円$$

🖩では

2,000,000 ☒ 2 ％ ☒ 3 ÷ 12 ＝ 10,000

**4.**（未 収 地 代）　3,000　（受 取 地 代）　3,000 **20**

※未収地代（未収収益でも正解）の内訳

$$\frac{12,000円}{12ヵ月}×3ヵ月=3,000円(1/1～3/31)$$

**5.**（消 耗 品）　2,500　（消 耗 品 費）　2,500 **10**

※期中処理
期中費用処理しているので未使用分を資産に計上する。

4
決算の手続き

# 税理士試験における簿記

　つぎのChapter 5では最後に会社の財務諸表について学習します。本書の冒頭ですでに財務諸表は何たるかを説明していますが覚えているでしょうか。損益計算書では一定期間の経営成績、また貸借対照表では一定時点の財政状態を示すということであり、この損益計算書等の財務諸表を作成することが簿記の目的でもありました。

## 税理士試験における簿記の意味

　ここまでの学習で、税理士試験における簿記の持つ意味は理解できているのではないでしょうか。これは会社が一会計期間にどれだけの利益を計上したかを算定することに大きな目的があります。この利益の算出がまさに簿記の目的であり、これが税理士試験における簿記論や財務諸表論の科目の存在理由ということになります。

　会社の存在する理由は、究極的には利益の追求です。したがって利益をたくさん計上した会社はいい会社であり、経営者も優秀であると評価されます。

## 関係する税法科目

　さてこの利益ですが、これは会社の出資者である株主のものです。したがってこの利益は配当金として株主に分配されるのですが、そのまえに税金の支払いをしなければなりません。これは会社も我々個人と同じように多くの公共的なサービスを受けているからであり、その見返りとして納税をする義務があるということです。

　会社の利益に対しては法人税を中心にして都道府県民税、市民税、事業税などが課税されます。また会社ではない個人事業の利益には法人税の代わりに所得税が課税されます。また一定額以上の事業者には利益に関係なく消費税の納税義務もあります。

　どうでしょうか、これら法人税、所得税、消費税、住民税また事業税はすべて税理士試験の税法科目です。つまり簿記よって計算された会社の利益はすべて税法の基本になっているということなのです。

## 追徴税額の発生は簿記処理の誤りから

　テレビ等で会社や芸能人が納税額の不足分が発生して追徴税額の支払をしたというニュースを目にしたことはないでしょうか。その原因の多くは会計処理のミスにより利益の追加分が計上されて、その不足分を納付するというケースです。つまり会計処理、突き詰めて考えれば仕訳のミスというのが、その原因ということになります。

　当然のことですが簿記における取引仕訳は単純な借方貸方の分類作業なのですが、税金にも影響を及ぼす重要な作業であるということを理解しておく必要があるということです。

# Chapter

~ 第 5 章 ~

# 帳簿の締切

この章でマスターしてほしいこと

　簿記の最終目的はこの章で学習する財務諸
表の作成による経営成績等の把握です。

　この財務諸表作成ができるように問題をス
ムーズに解く練習をしてください。

# 帳簿の締切

1年経ったので帳
簿をひとまとめに
してみよう

## 1 総勘定元帳の締切

　簿記は会社のお金や財産、儲けなどを記帳し、財政状態や経営成績を明らかにすることが目的でした。

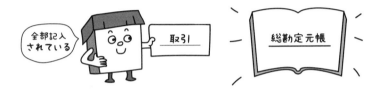

　そのために総勘定元帳と呼ばれる帳簿には会社で発生したすべての取引がそのまま記入されています。

　また一部修正を加えなければならない事項については決算整理仕訳により修正がしてあります。

　そこでこの総勘定元帳を決算において、会計期間1年分の結果としてまとめて締切ることにします。

　締切るというのは帳簿の取りまとめをして、次の年度用（次期）の新しい会計帳簿を用意するという意味です。

　特にこのセクションでは、この帳簿の取りまとめを帳簿の締切として説明することにします。

# 2 帳簿の締切作業

期中取引や決算での修正に関する仕訳をして、これが転記された総勘定元帳の各勘定口座は、各取引が借方と貸方に記入されたままになっています。

言ってみれば転記、記入をしたままという中途半端な状態になっています。

|  | 現 | 金 |  |  |  |  | 仕 | 入 |  |  |  |
|---|---|---|---|---|---|---|---|---|---|---|---|
| 4/1 | 前期繰越 | 800 | 4/2 | 通信費 | 100 | 4/30 | 買掛金 | 800 | 5/20 | 買掛金 | 200 |
| 4/5 | 売上 | 1,200 | 5/20 | 買掛金 | 300 |  |  |  |  |  |  |
|  |  |  |  |  |  | 3/31 | 繰越商品 | 700 | 3/31 | 繰越商品 | 650 |
| 3/20 | 売掛金 | 3,000 | 3/20 | 支払手形 | 1,700 |  |  |  |  |  |  |

そこで上記の記入されたままの勘定の左側と右側の金額をきちんとイコールにして帳簿を取りまとめようというのが**帳簿の締切**という作業なのです。

この締切の具体的方法は次頁から説明しますが、上記の2つの勘定を例にして、これを正式に締め切った状態を示してみます。

ピンクの部分が締切作業を行った個所です。

|  | 現 | 金 |  |  |  |  | 仕 | 入 |  |  |  |
|---|---|---|---|---|---|---|---|---|---|---|---|
| 4/1 | 前期繰越 | 800 | 4/2 | 通信費 | 100 | 4/30 | 買掛金 | 800 | 5/20 | 買掛金 | 200 |
| 4/5 | 売上 | 1,200 | 5/20 | 買掛金 | 300 |  |  |  |  |  |  |
|  |  |  |  |  |  | 3/31 | 繰越商品 | 700 | 3/31 | 繰越商品 | 650 |
| 3/20 | 売掛金 | 3,000 | 3/20 | 支払手形 | 1,700 |  |  |  | 〃 | 損益 | 35,100 |
|  |  |  | 3/31 | 次期繰越 | 830 |  |  | 40,700 |  |  | 40,700 |
|  |  | 58,700 |  |  | 58,700 |  |  |  |  |  |  |
| 4/1 | 前期繰越 | 830 |  |  |  |  |  |  |  |  |  |

現金勘定でも仕入勘定でも**左右の金額が同額**になっており、何やら二本線などが引かれて、それらしくまとまっているのがわかります。

5

帳簿の締切

# 3 勘定科目を区分する

これから勘定口座の締切に関する具体的な手続について説明します。

しかし、まずその前に勘定口座を2つのグループに分けなければなりません。

ひとつはPというグループ、もう一方はBというグループです。

この"P"はP/L（Profit & Loss Statement ＝損益計算書）のPと考えてください。ということは"B"グループのBはB/S（Balance　Sheet）のBということです。

この2つのグループの勘定の締切方法は全く違います。Pグループの方は費用と収益の勘定をそれぞれまとめて対比（差引）させ当期純利益を計算します。

一方Bグループの方は現金等の残額を3月31日の決算日から4月1日の翌期首へ繰越していく必要があります。

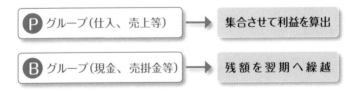

# 4 損益勘定

P グループに属する費用と収益に関する勘定はこれらを対比(差引)させて当期純利益を計算しなければなりません。

そこで決算において特別にこれらの勘定を集めるための勘定口座を用意します。

これが損益勘定という勘定であり、この損益勘定はその性質(属性)を集合勘定と考えます。

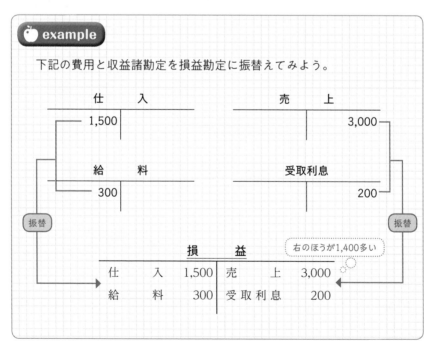

損益勘定の左右を比べると左側より右側の方が1,400円多いのがわかります。これが当期純利益ということになります。

# 5 決算振替仕訳

前頁の仕入や売上等の費用や収益勘定は、直接その金額を損益勘定に移しました。

しかし、これには振替のための作業として仕訳が必要です。

この決算において費用や収益勘定を損益勘定に振替えるための仕訳を決算振替仕訳と呼びます。

すでに第4章で学習した減価償却費等を計上する仕訳は決算整理仕訳といいました。2つの仕訳の名前は似ていますが全く違うものです。

決算の仕訳 ─┬─ 決算整理仕訳 …減価償却費等の計上
　　　　　　 └─ 決算振替仕訳 …費用、収益の損益への振替

> ### 🍎 example
>
> 前頁と同じ条件で費用である仕入1,500円、給料300円、また収益である売上3,000円と受取利息200円を損益に振替えるための決算振替仕訳をやってみます。
>
> | (損　　　益) | 1,800 | (仕　　　入) | 1,500 |
> |---|---|---|---|
> | 慣習で先に費用を振替える | | (給　　　料) | 300 |
> | - - - - - - - - - - - - - | - - - - | - - - - - - - | - - - - |
> | (売　　　上) | 3,000 | (損　　　益) | 3,200 |
> | (受 取 利 息) | 200 | ただ収益を先に仕訳しても間違いではない | |

損益勘定の作成問題は受験上しばしば出題されます。しかし上記の決算振替仕訳を実際にやる機会は今後もほとんどありません。

**6 当期純利益の振替**

損益勘定の左右不一致の差額は当期純利益です。

そこでこの損益勘定の左右の差額を、当期純利益(損失)と考えてさらにもうひとつ**決算振替仕訳**をすることにします。

この当期純利益の行先は純資産である資本金勘定の貸方(右側)です。

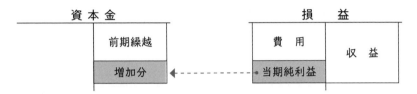

これは当期純利益というものは結果的に会社の持分そのものである資本金を増加させるということなのです。

この説明はP.052ですでにお話ししています。

この振替のための決算振替仕訳は次のようになります。

**当期純利益の振替 ▶ (損　　益) ××× (資　本　金) ×××**
－純資産プラスは右側－

###  example

下記の損益勘定の記入を参考にして当期純利益の振替仕訳と勘定口座へ転記した後の損益勘定を締切りなさい。

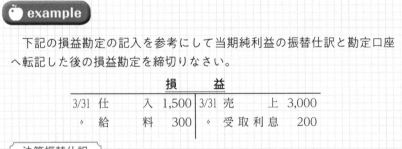

| | 損 | | 益 | |
|---|---|---|---|---|
| 3/31 仕　　入 | 1,500 | 3/31 売　　上 | 3,000 | |
| 〃 給　　料 | 300 | 〃 受取利息 | 200 | |

 決算振替仕訳

(損　　益) 1,400 (資　本　金) 1,400

| 資　本　金 | | 損 | | 益 | |
|---|---|---|---|---|---|
| | 4/1 前期繰越 ××× | 3/31 仕　入 1,500 | 3/31 売　上 3,000 | |
| | 3/31 損　益 1,400 | 〃 給　料 300 | 〃 受取利息 200 | |
| | | 3/31 資本金 1,400 | | |
| | | 3,200 | 3,200 | |

## チャレンジ問題

　下記に示す費用、収益諸勘定を参考にして損益勘定への決算振替仕訳、この仕訳の損益勘定への転記、さらに当期純利益を資本金勘定へ振替る仕訳を示しなさい。なお決算日は3月31日とする。

| 仕　　入 | |
|---|---|
| 27,000 | 1,000 |
| 3,000 | |

| 売　　上 | |
|---|---|
| 1,000 | 53,000 |

| 給　　料 | |
|---|---|
| 10,000 | |
| 1,000 | |

| 受　取　利　息 | |
|---|---|
| | 500 |
| | 200 |

| 通　信　費 | |
|---|---|
| 4,000 | 500 |

| 雑　収　入 | |
|---|---|
| | 300 |
| | 100 |

## 解答欄

### 1. 費用、収益に関する決算振替仕訳

| 内訳 | 借　方 | | 貸　方 | |
|---|---|---|---|---|
| | 勘定科目 | 金　額 | 勘定科目 | 金　額 |
| 費用勘定 | | | | |
| | | | | |
| | | | | |
| 収益勘定 | | | | |
| | | | | |

### 2. 当期純利益に関する決算振替仕訳

| － | | | | |
|---|---|---|---|---|

損　益

| ( )( ) | ( )( ) | ( )( ) |
|---|---|---|
| ( )( ) | ( )( ) | ( )( ) |
| ( )( ) | ( )( ) | ( )( ) |
| ( )( ) | ( ) | |
| | ( ) | ( ) |

**解答**

### 1. 費用、収益に関する決算振替仕訳

**20** （損　　　益）　43,500　（仕　　　入）　29,000
　　　　　　　　　　　　　（給　　　料）　11,000
　　　　　　　　　　　　　（通　信　費）　 3,500

（売　　　上）　52,000　（損　　　益）　53,100 **20**
（受 取 利 息）　　 700
（雑　収　入）　　 400

### 2. 当期純利益に関する決算振替仕訳

（損　　　益）　 9,600　（資　本　金）　 9,600 **20**

### 3. 損益勘定

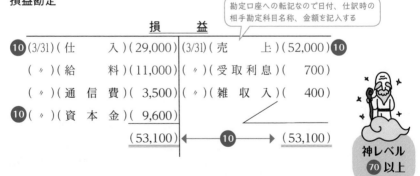

勘定口座への転記なので日付、仕訳時の相手勘定科目名称、金額を記入する

損　益

| **10** (3/31)(仕　　　入)(29,000) | (3/31)(売　　　上)(52,000) **10** |
|---|---|
| (〃)(給　　　料)(11,000) | (〃)(受 取 利 息)( 700) |
| (〃)(通　信　費)( 3,500) | (〃)(雑　収　入)( 400) |
| **10** (〃)(資　本　金)( 9,600) | |
| (53,100) | ← **10** → (53,100) |

神レベル **70** 以上

 指令

第1章 section6 貸借対照表と損益計算書の関係（P.052 ～ P.055）をもう一度読み直して当期純利益が資本金を増加させていることをチェックせよ。

5
帳簿の締切

# 7 資産、負債および純資産の締切方法

　今度は費用と収益以外の資産、負債および純資産に属する勘定科目はどのように締切るのか、その方法を説明します。

　まず結論ですが、この資産勘定などは特別な勘定を用意してそこに振替るという手続は行いません。

　資産などの勘定は決算日の3月31日の残高を勘定口座の上でそのまま翌期首4月1日に繰越をする記入を行います。

　この記入を繰越記入と呼びます。

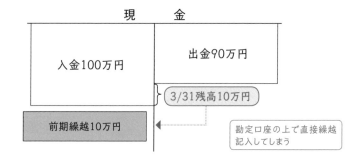

　現金などの資産は、1年間で消えてしまうことはありません。

　資産である現金等は会社が存続する限り、必ず翌年へ翌年へと繰越していくはずです。

　仕入や売上勘定が一会計期間の当期純利益を計算して消えてしまうのとこの点が大きく違うところです。

　この資産である現金勘定等の締切方法は非常に簡単です。

早速次頁でやってみることにしましょう。

# 8 資産勘定等の締切記入

　現金や買掛金を締切るための締切記入は各勘定口座の左右の差額を次期繰越として記入し、その合計額が左右イコールであることを示します。

| | 現　　　金 | | | | 買　掛　金 | |
|---|---|---|---|---|---|---|
| 4/8 売　　　上 15,000 | 6/4 給　　料 18,000 | | 6/3 現　　金 7,000 | 5/7 仕　　入 8,000 | | |
| 5/10 売 掛 金 8,000 | 1/4 通 信 費 5,000 | | 7/4 現　　金 8,000 | 6/2 仕　　入 9,000 | | |
| 2/2 売　　　上 10,000 | 3/31 次期繰越 10,000 | | 3/31 次期繰越 9,000 | 1/7 仕　　入 7,000 | | |
| 33,000 | 33,000 | | 24,000 | 24,000 | | |

〔貸借同額〕　　　　　　　　　　　　　　　　〔貸借同額〕

**※次期繰越**

　　正式には次期繰越は日付から金額までを赤文字で書きます。しかし税理士試験では赤ペンの使用は禁止されているので黒、または青のペン等で書いて構いません。

　次にこの繰越額と同額を左右逆の側に期首の日付で前期繰越として記入します。この記入は黒文字で行います。

| | 現　　　金 | | | | 買　掛　金 | |
|---|---|---|---|---|---|---|
| 4/8 売　　　上 15,000 | 6/4 給　　料 18,000 | | 6/3 現　　金 7,000 | 5/7 仕　　入 8,000 | | |
| 5/10 売 掛 金 8,000 | 1/4 通 信 費 5,000 | | 7/4 現　　金 8,000 | 6/2 仕　　入 9,000 | | |
| 2/2 売　　　上 10,000 | 3/31 次期繰越 10,000 | | 3/31 次期繰越 9,000 | 1/7 仕　　入 7,000 | | |
| 33,000 | 33,000 | | 24,000 | 24,000 | | |
| 4/1 前期繰越 10,000 | | | | 4/1 前期繰越 9,000 | | |

資産の残高は借方　　　　　　　　　　　負債の残高は貸方

　このように資産、負債および純資産の次期繰越から前期繰越までの一連の記入を繰越記入と呼びます。

　また簿記ではこの繰越記入の方法を英米式決算法と呼びます。

# **9** 大陸式決算法

　資産、負債および純資産を締切るために、各勘定の左右の差額を次期
繰越、前期繰越として記入する方法を説明しました。

　この勘定の締切方法を英米式決算法と呼びます。

　簿記が誕生したといわれている15世紀からの歴史的な流れの中で、
もうひとつ伝統的な資産、負債および純資産を締切る方法があります。

　この方法を大陸式決算法と呼び、歴史的には英米式決算法より古い方
法、あるいは正式な方法といわれています。

　税理士試験などの簿記の問題では、この大陸式決算法を前提にした問
題が出題されることもあるので少々説明をしておきたいと思います。

　大陸式決算法で資産、負債および純資産を締め切る場合には、決算で
特別に残高勘定という集合勘定を用意して、ここに各勘定の残高額の振
替を行います。

### 🍎 example

　現金等の勘定残高を残高勘定へ振替えてみます。

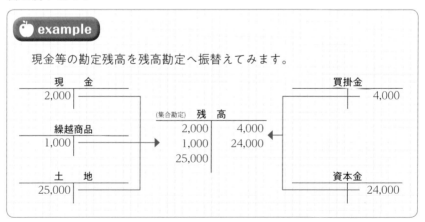

　もちろんこの振替には仕訳が必要であり、これが決算振替仕訳という
ことになります。

# 10 残高勘定

大陸式決算法は各勘定の残高が残高勘定へ振替られます。

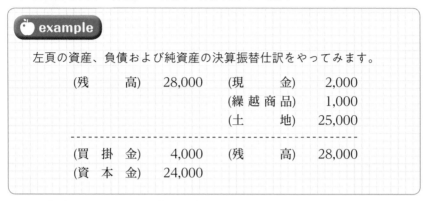

🍎 **example**

左頁の資産、負債および純資産の決算振替仕訳をやってみます。

| | | | | | |
|---|---|---|---|---|---|
| (残 高) | 28,000 | (現 金) | 2,000 |
| | | (繰越商品) | 1,000 |
| | | (土 地) | 25,000 |
| (買 掛 金) | 4,000 | (残 高) | 28,000 |
| (資 本 金) | 24,000 | | |

現金勘定だけを取り上げて英米式決算法と比較してみます。

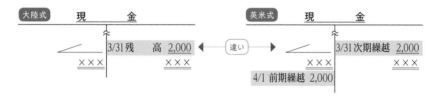

大陸式 現 金 / 3/31残 高 2,000 ××× ×××

← 違い →

英米式 現 金 / 3/31次期繰越 2,000 ××× ××× 4/1 前期繰越 2,000

また残高勘定も勘定口座ですから、日付、相手科目、金額が記入されます。

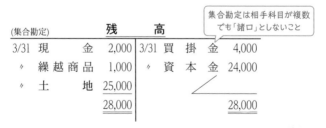

集合勘定は相手科目が複数でも「諸口」としないこと

(集合勘定) 残 高

| 3/31 現 金 | 2,000 | 3/31 買 掛 金 | 4,000 |
|---|---|---|---|
| 〃 繰越商品 | 1,000 | 〃 資 本 金 | 24,000 |
| 〃 土 地 | 25,000 | | |
| | 28,000 | | 28,000 |

この残高勘定は貸借対照表とほぼ同じものなので貸借対照表の代替として税理士試験等に出題されます。

5
帳簿の締切

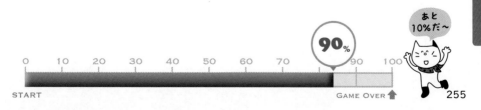

あと10%だ～

90%

0 10 20 30 40 50 60 70 80 90 100

## チャレンジ問題

　下記に示す各勘定口座の（　）の中に入る適当な名称を答えなさい。なお決算は英米式決算法を前提にすること。

#### 繰 越 商 品

| | | | |
|---|---|---|---|
| 4/1 前期繰越 | 200 | 3/31 仕　　入 | 200 |
| 3/31 仕　　入 | 400 | 〃 （　①　） | 400 |

#### 借 入 金

| | | | |
|---|---|---|---|
| 8/2 現　　金 | 500 | 4/2 現　　金 | 800 |
| 9/2 現　　金 | 200 | | |
| 3/31 （　②　） | 100 | | |

#### 未 収 収 益

| | | | |
|---|---|---|---|
| 3/31 受取利息 | 20 | 3/31 （　③　） | 20 |

#### 未 払 費 用

| | | | |
|---|---|---|---|
| 3/31 （　④　） | 30 | 3/31 支払利息 | 30 |

#### 支 払 利 息

| | | | |
|---|---|---|---|
| 4/2 現　　金 | 100 | 3/31 （　⑤　） | 130 |
| 3/31 未払費用 | 30 | | |

#### 資 本 金

| | | | |
|---|---|---|---|
| 3/31 次期繰越 | 14,700 | 4/1 前期繰越 | 13,000 |
| | | 3/31 （　⑥　） | 1,700 |

#### 損 益

| | | | |
|---|---|---|---|
| 4/1 仕　　入 | 3,000 | 3/31 売　　上 | 9,100 |
| 〃 給　料 | 1,000 | 〃 受取利息 | 200 |
| 3/31 （　⑦　） | 1,700 | | |

#### 受 取 利 息

| | | | |
|---|---|---|---|
| 3/31 （　⑧　） | 200 | 6/8 現　　金 | 180 |
| | | 3/31 未収収益 | 20 |

## 解答欄

| ① | | ② | | ③ | | ④ | |
|---|---|---|---|---|---|---|---|
| ⑤ | | ⑥ | | ⑦ | | ⑧ | |

**解 答**

| ① | 次期繰越 🔟 | ② | 次期繰越 | ③ | 次期繰越 🔟 | ④ | 次期繰越 🔟 |
|---|---|---|---|---|---|---|---|
| ⑤ | 損　　　益 🔟 | ⑥ | 損　　　益 🔟 | ⑦ | 資 本 金 🟣20 | ⑧ | 損　　　益 🟣30 |

　費用、収益に属する諸勘定は集合勘定の損益勘定に振替えられます。

　また資産、負債および純資産は勘定口座の上で次期繰越として繰越記入が行われることを整理して頭の中に入れておきましょう。

神レベル
**90** 以上

### 繰越商品

| 4/1 前期繰越 | 200 | 3/31 仕　　入 | 200 |
|---|---|---|---|
| 3/31 仕　　入 | 400 | 〃 (①次期繰越) | 400 |
| | 600 | | 600 |
| 4/1 前期繰越 | 400 | | |

### 借 入 金

| 8/2 現　　金 | 500 | 4/2 現　　金 | 800 |
|---|---|---|---|
| 9/2 現　　金 | 200 | | |
| 3/31 (②次期繰越) | 100 | | |
| | 800 | | 800 |
| | | 4/1 前期繰越 | 100 |

### 未 収 収 益

| 3/31 受取利息 | 20 | 3/31 (③次期繰越) | 20 |
|---|---|---|---|
| 4/1 前期繰越 | 20 | | |

### 未 払 費 用

| 3/31 (④次期繰越) | 30 | 3/31 支払利息 | 30 |
|---|---|---|---|
| | | 4/1 前期繰越 | 30 |

### 支 払 利 息

| 4/2 現　　金 | 100 | 3/31 (⑤損益) | 130 |
|---|---|---|---|
| 3/31 未払費用 | 30 | | |
| | 130 | | 130 |

### 資 本 金

| 3/31 次期繰越 | 14,700 | 4/1 前期繰越 | 13,000 |
|---|---|---|---|
| | | 3/31 (⑥損益) | 1,700 |
| | 14,700 | | 14,700 |
| | | 4/1 前期繰越 | 14,700 |

### 損　　益

| 4/1 仕　　入 | 3,000 | 3/31 売　　上 | 9,100 |
|---|---|---|---|
| 〃 給　料 | 1,000 | 〃 受取利息 | 200 |
| 3/31 (⑦資本金) | 1,700 | | |
| | 9,300 | | 9,300 |

### 受 取 利 息

| 3/31 (⑧損益) | 200 | 6/8 現　　金 | 180 |
|---|---|---|---|
| | | 3/31 未収収益 | 20 |
| | 200 | | 200 |

**5**

帳簿の締切

# 精算表

簿記独特の精算
表作れるまで徹
底練習のこと

## 1 精算表の作成

簿記では決算の時に精算表と呼ばれる一覧表を作成します。

この精算表は本当は損益計算書や集合勘定の損益で計上される当期純利益を事前に計算しようという一覧表です。

簿記に関する試験、もちろん税理士試験でも解答様式のひとつとして出題されることがあります。

実務ではこの精算表は、決算の手続と同時進行で作成されます。

なぜこのような一覧表を作成するのかといえば、当期純利益をできるだけ早く知って税金や株主への配当金支払のための現金を準備しておかなければならないからです。

この精算表という一覧表は下記のような様式になっています。

その内容はここまででなんとなく目にしたものばかりです。

### 精　算　表

| 勘定科目 | 試算表 | | 整理記入 | | 損益計算書 | | 貸借対照表 | |
|---|---|---|---|---|---|---|---|---|
| | 借　方 | 貸　方 | 借　方 | 貸　方 | 借　方 | 貸　方 | 借　方 | 貸　方 |
| 現　　金 | 300 | | | | | | | |

※　精算表

P/LやB/Sと同様に精算表を省略してW/S（＝work sheet）と呼ぶこともあります。

# 2 精算表作成の基本ルール

精算表には簿記の借方、貸方のルールに従った独特の金額移動ルールがあります。

まずこの金額移動に関するプラスマイナスのルールをマスターしましょう。

一般的な精算表は8桁精算表といって次のような形式で作成されます。もちろん試験でもこの形式のものがよく出題されます。

精算表の作成は、左側に計上されている試算表欄の金額をどのようにして、右側の損益計算書欄や貸借対照表欄に移動するかがポイントです。特に決算整理仕訳が整理記入欄で行われているものは、移動に際してプラス、マイナスを考慮しなければなりません。

### 精 算 表

| 勘定科目 | 試算表 | | 整理記入 | | 損益計算書 | | 貸借対照表 | |
|---|---|---|---|---|---|---|---|---|
| | 借 方 | 貸 方 | 借 方 | 貸 方 | 借 方 | 貸 方 | 借 方 | 貸 方 |
| ①資　　産 | A | プラス→ | a | →| →| | A+a | |
| ②資　　産 | A | マイナス→ | a' | →| →| | A−a' | |
| ③負債・純資産 | | B | プラス→ | b | | →| | B+b |
| ④負債・純資産 | | B | b' | マイナス→ | | →| | B−b' |
| ⑤費　　用 | C | プラス→ | c | →| C+c | | | |
| ⑥費　　用 | C | マイナス→ | c' | C−c' | | | |
| ⑦収　　益 | | D | プラス→ | d | →| D+d | | |
| ⑧収　　益 | | D | d' | マイナス→ | →| D−d' | | |

**※プラス・マイナスの考え方**

試算表と整理記入欄の関係で両者借方、もしくは貸方同じ側に入っているものはプラスされています。（上記：①、③、⑤、⑦）

また試算表と整理記入の位置関係が貸借逆の場合にはマイナスされています。（上記：②、④、⑥、⑧）

# 3 期末商品等の記入方法

精算表は整理記入欄の決算整理仕訳を前提に、金額移動の時に行われるプラス、マイナスをマスターすること。

 example

期末商品の棚卸

期末商品の棚卸高が200円あるとした場合の記入

決算整理仕訳

| (仕　　　　入) | ① 350 | (繰 越 商 品) | ② 350 |
| (繰 越 商 品) | ③ 200 | (仕　　　　入) | ④ 200 |

**精　算　表**

| 勘定科目 | 試算表 借 方 | 試算表 貸 方 | 整理記入 借 方 | 整理記入 貸 方 | 損益計算書 借 方 | 損益計算書 貸 方 | 貸借対照表 借 方 | 貸借対照表 貸 方 |
|---|---|---|---|---|---|---|---|---|
| 繰 越 商 品 | 350 | | ③200 | ②350 | | | 200 ← 期末商品 | |
| 仕　　　入 | 4,000 | | ①350 | ④200 | 4,150 ← 4,000+350−200 | | | |

 example

貸倒引当金の計上

受取手形および売掛金の期末残高に対して実績繰入率2%により差額補充法で貸倒引当金を設定する。

決算整理仕訳

| (貸倒引当金繰入) | 70* | (貸 倒 引 当 金) | 70 |

※内訳

(2,700円 + 2,300円) × 2% − 30円 = 70円

**精　算　表**

| 勘定科目 | 試算表 借 方 | 試算表 貸 方 | 整理記入 借 方 | 整理記入 貸 方 | 損益計算書 借 方 | 損益計算書 貸 方 | 貸借対照表 借 方 | 貸借対照表 貸 方 |
|---|---|---|---|---|---|---|---|---|
| 受 取 手 形 | 2,700 | | | | | | 2,700 | |
| 売 掛 金 | 2,300 | | | | | | 2,300 | |
| 貸 倒 引 当 金 | | 30 | | ⊕ 70 | | | 忘れずにプラスする ▶ 100 | |
| 貸倒引当金繰入 | | | 70 | | 70 | | | |

# 4 減価償却費等の記入方法

決算整理仕訳を正しく行って整理記入欄の記入をすることが基本です。

---

### 🍎 example

減価償却費の計上

備品に対して定額法(耐用年数5年、残存価額は取得原価の10%)により減価償却費を間接記帳法で計上する。

決算整理仕訳

(減 価 償 却 費)　　　　180※　　(減価償却累計額)　　　　180

※内訳

(1,000円−1,000円×0.1)÷5年＝180円

**精　算　表**

| 勘定科目 | 試算表 | | 整理記入 | | 損益計算書 | | 貸借対照表 | |
|---|---|---|---|---|---|---|---|---|
| | 借　方 | 貸　方 | 借　方 | 貸　方 | 借　方 | 貸　方 | 借　方 | 貸　方 |
| 備　　　品 | 1,000 | | | | | | 1,000 | |
| 減価償却累計額 | | 540 | ⊕ | 180 | 忘れずにプラスする | | | 720 |
| 減価償却費 | | | 180 | | 180 | | | |

---

### 🍎 example

有価証券の評価替

保有する有価証券の期末の時価が1,260円になっているので評価益を計上する。

決算整理仕訳

(売買目的有価証券)　　　　160　　(有価証券評価益)　　　　160

**精　算　表**

| 勘定科目 | 試算表 | | 整理記入 | | 損益計算書 | | 貸借対照表 | |
|---|---|---|---|---|---|---|---|---|
| | 借　方 | 貸　方 | 借　方 | 貸　方 | 借　方 | 貸　方 | 借　方 | 貸　方 |
| 売買目的有価証券 | 1,100 | | ⊕ 160 | | | | 1,260 | |
| 有価証券評価益 | | | | 160 | | 160 | | |

# 5 現金過不足と費用経過勘定の記入

 example

現金過不足の発生

　期中に発生した現金過不足50円のうち30円は、通信費の記録漏れであり、残額20円はその内訳が不明のため雑損として処理する。

決算整理仕訳

| (通　信　費) | 30 | (現 金 過 不 足) | 50 |
|---|---|---|---|
| (雑　　　損) | 20 | | |

## 精 算 表

| 勘定科目 | 試算表 | | 整理記入 | | 損益計算書 | | 貸借対照表 | |
|---|---|---|---|---|---|---|---|---|
| | 借　方 | 貸　方 | 借　方 | 貸　方 | 借　方 | 貸　方 | 借　方 | 貸　方 |
| 現　　　金 | 860 | | | | | | 860 | |
| 現 金 過 不 足 | 50 | | | 50 | | | — | |
| 通　信　費 | 120 | | ⊕ 30 | | ▶ 150 | | | |
| 雑　　　損 | | | 20 | | 20 | | | |

何も書かないで空欄でも良い

 example

前払費用・未払費用の計上

　決算において保険料の前払分90円と水道光熱費の未払分310円をそれぞれ前払費用、未払費用として計上する。

決算整理仕訳

| (前 払 費 用) | ① 90 | (保　険　料) | ② 90 |
|---|---|---|---|
| (水 道 光 熱 費) | ③ 310 | (未 払 費 用) | ④ 310 |

## 精 算 表

| 勘定科目 | 試算表 | | 整理記入 | | 損益計算書 | | 貸借対照表 | |
|---|---|---|---|---|---|---|---|---|
| | 借　方 | 貸　方 | 借　方 | 貸　方 | 借　方 | 貸　方 | 借　方 | 貸　方 |
| 保　険　料 | 400 | | | ② 90 | 310 | | | |
| 水 道 光 熱 費 | 500 | | ③310 | | 810 | | | |
| 前 払 費 用 | | | ① 90 | | 資産はB/S借方へ | | ▶ 90 | |
| 未 払 費 用 | | | | ④310 | 負債はB/S貸方へ | | | ▶ 310 |

# 6 収益経過勘定の記入

## 🍎 example

前受収益・未収収益の計上

　受取利息に未収分150円、受取手数料に前受分20円があるので、それぞれ未収利息、前受収益を計上する。

決算整理仕訳

| (未　収　収　益) | ① 150 | (受　取　利　息) | ② 150 |
|---|---|---|---|
| (受 取 手 数 料) | ③ 20 | (前　受　収　益) | ④ 20 |

### 精 算 表

| 勘定科目 | 試算表 | | 整理記入 | | 損益計算書 | | 貸借対照表 | |
|---|---|---|---|---|---|---|---|---|
| | 借 方 | 貸 方 | 借 方 | 貸 方 | 借 方 | 貸 方 | 借 方 | 貸 方 |
| 受 取 利 息 | | 500 | | ②150 | | 650 | | |
| 受 取 手 数 料 | | 100 | ③ 20 | | | 80 | | |
| 未 収 収 益 | | | ①150 | | 資産はB/S借方へ | | ▶ 150 | |
| 前 受 収 益 | | | | ④ 20 | 負債はB/S貸方へ | | | ▶ 20 |

参考

　経過勘定の勘定科目は特別な指示がなければ、どちらの科目を使って決算整理仕訳をしても正解です。上記 example によれば次の通りです。

前払費用 ←→ 前払保険料
未払費用 ←→ 未払水道光熱費
未収収益 ←→ 未収利息
前受収益 ←→ 前受手数料

# 7 精算表の作成問題

決算整理事項により精算表記入を全部まとめて考えてみます。

## 🍎 example

下記に示す資料に基づいて、精算表を完成させなさい。なお決算日は3月31日とする。

（資　料）

1. 期末商品の棚卸高は600円である。
2. 売掛金勘定の残高に対して、差額補充法により4%の貸倒引当金を設定する。
3. 有価証券の金額を500円（時価）に評価替する。
4. 備品について定額法により減価償却を行う。なお残存価額は取得原価の10%、耐用年数は5年とする。
5. 受取地代のうち60円は前受分である。
6. 保険料のうち20円は前払保険料である。

　　上記の決算整理仕訳をまず全部仕訳してからこれを右頁の精算表の同じ番号のところに記入してみよう。

1. **期末商品棚卸高**

   ①（仕　　　　入）　　　　　　②（繰 越 商 品）
   ③（繰 越 商 品）　　　　　　④（仕　　　　入）

2. **貸倒引当金の設定**

   ⑤（貸倒引当金繰入）　　　　⑥（貸 倒 引 当 金）

3. **有価証券の評価**

   ⑦（有価証券評価損）　　　　⑧（売買目的有価証券）

4. **減価償却費の計上**

   ⑨（減 価 償 却 費）　　　　⑩（減価償却累計額）

5. **前受地代の計上**

   ⑪（受 取 地 代）　　　　　⑫（前 受 地 代）

6. **前払保険料の計上**

   ⑬（前 払 保 険 料）　　　　⑭（保 　険 　料）

## 解答欄

この解答用紙はA4、B5版等に拡大コピーして最低3回作成すること。

## 精　算　表

令和○年3月31日　　　　　　　（単位：円）

| 勘定科目 | 試算表 借 方 | 試算表 貸 方 | 整理記入 借 方 | 整理記入 貸 方 | 損益計算書 借 方 | 損益計算書 貸 方 | 貸借対照表 借 方 | 貸借対照表 貸 方 |
|---|---|---|---|---|---|---|---|---|
| 現　　　　金 | 1,100 | | | | | | （　　　） | |
| 売　掛　金 | 1,500 | | | | | | （　　　） | |
| 繰 越 商 品 | 700 | | ③ | ② | | | （　　　） | |
| 売買目的有価証券 | 600 | | | ⑧ | | | （　　　） | |
| 備　　　　品 | 5,000 | | | | | | （　　　） | |
| 買　掛　金 | | 1,340 | | | | | | （　　　） |
| 貸倒引当金 | | 20 | | ⑥ | | | | （　　　） |
| 減価償却累計額 | | 1,800 | | ⑩ | | | | （　　　） |
| 資　本　金 | | 4,000 | | | | | | （　　　） |
| 売　　　　上 | | 5,000 | | | | （　　　） | | |
| 受 取 地 代 | | 200 | ⑪ | | | （　　　） | | |
| 仕　　　　入 | 2,600 | | ① | ④ | （　　　） | | | |
| 給　　　　料 | 700 | | | | （　　　） | | | |
| 保　険　料 | 160 | | | ⑭ | （　　　） | | | |
| 貸倒引当金繰入 | | | ⑤ | | （　　　） | | | |
| 有価証券評価損 | | | ⑦ | | （　　　） | | | |
| 減 価 償 却 費 | | | ⑨ | | （　　　） | | | |
| 前 受 地 代 | | | | ⑫ | | | | （　　　） |
| 前払保険料 | | | ⑬ | | | | （　　　） | |
| 当期純利益 | | | | | （　　　） | | | （　　　） |
| | 12,360 | 12,360 | | | | | | |

解 答

# 精 算 表

令和○年3月31日　　　　　　　　　　　　　　（単位：円）

| 勘定科目 | 試算表 借方 | 試算表 貸方 | 整理記入 借方 | 整理記入 貸方 | 損益計算書 借方 | 損益計算書 貸方 | 貸借対照表 借方 | 貸借対照表 貸方 |
|---|---|---|---|---|---|---|---|---|
| 現　　　　金 | 1,100 | | | | | | 1,100 | |
| 売　掛　金 | 1,500 | | | | | | 1,500 | |
| 繰 越 商 品 | 700 | | ③ 600 | ② 700 | | | 600 ⑩ | |
| 売買目的有価証券 | 600 | | | ⑧ 100 | | | 500 | |
| 備　　　品 | 5,000 | | | | | | 5,000 | |
| 買　掛　金 | | 1,340 | | | | | | 1,340 |
| 貸 倒 引 当 金 | | 20 | | ⑥ 40 | | | | 60 ⑩ |
| 減価償却累計額 | | 1,800 | | ⑩ 900 | | | | 2,700 ⑩ |
| 資　本　金 | | 4,000 | | | | | | 4,000 |
| 売　　　上 | | 5,000 | | | | 5,000 | | |
| 受 取 地 代 | | 200 | ⑪ 60 | | | 140 | | |
| 仕　　　入 | 2,600 | | ① 700 | ④ 600 | 2,700 ⑳ | | | |
| 給　　　料 | 700 | | | | 700 | | | |
| 保　険　料 | 160 | | | ⑭ 20 | 140 ⑩ | | | |
| 貸倒引当金繰入 | | | ⑤ 40 | | 40 | | | |
| 有価証券評価損 | | | ⑦ 100 | | 100 ⑩ | | | |
| 減 価 償 却 費 | | | ⑨ 900 | | 900 | | | |
| 前 受 地 代 | | | | ⑫ 60 | | | | 60 ⑩ |
| 前 払 保 険 料 | | | ⑬ 20 | | | | 20 | |
| 当 期 純 利 益 | | | | | 560 ◀------ | | ⑳ ---▶ 560 | |
| | 12,360 | 12,360 | 2,420 | 2,420 | 5,140 | 5,140 | 8,720 | 8,720 |

## 解 説

決算整理仕訳を示せば下記の通りです。

1. **期末商品棚卸高**
   - ①（仕　　　　入）　700　②（繰　越　商　品）　700
   - ③（繰　越　商　品）　600　④（仕　　　　入）　600

2. **貸倒引当金の設定**
   - ⑤（貸倒引当金繰入）　40*　⑥（貸　倒　引　当　金）　40
   - ※内訳：1,500円 × 4% − 20円 = 40円
     （売掛金　繰入率　貸倒引当金残高）

3. **有価証券の評価**
   - ⑦（有価証券評価損）　100*　⑧（売買目的有価証券）　100
   - ※内訳：600円 − 500円 = 100円
     （試算表　時価）

4. **減価償却費の計上**
   - ⑨（減価償却費）　900*　⑩（減価償却累計額）　900
   - ※内訳：$(5,000円 − 5,000円 × 0.1) × \dfrac{1年}{5年} = 900円$

5. **前受地代の計上**
   - ⑪（受　取　地　代）　60　⑫（前　受　地　代）　60

6. **前払保険料の計上**
   - ⑬（前　払　保　険　料）　20　⑭（保　　険　　料）　20

---

**指令**

解答用紙をコピーして最低3回20分以下で作成できるようにせよ

5
帳簿の締切

95%

あと
5%だ〜

section
3

第5章　帳簿の締切
# 財務諸表

それぞれどんな方
法で作るのかマス
ターしよう

## 1 財務内容に関する報告書

　会社は発生したすべての取引を仕訳して総勘定元帳の各勘定口座へ転記しました。

　また決算において決算整理仕訳を行って、帳簿を修正した後で各勘定口座を締切りました。

　会社はこの帳簿を締切った後で、会社の財政状態や経営成績を明らかにするために財務諸表を作成します。

　この財務諸表は貸借対照表と損益計算書です。

　実は他にも財務諸表はいろいろあります。しかし入門編ではこの2つだけを説明します。

　またこの2つの財務諸表を正式に作成する準備作業として精算表と呼ばれる一覧表も作成しています。

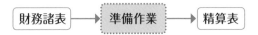

　この財務諸表は大きな会社になれば会社に関係する人達(利害関係者という)がたくさんいるので公開しなければなりません。

# **2** 財務諸表の内訳

　作成される2つの財務諸表の形式等は、第1章でも説明していますが念のために再確認をしておきましょう。

　まずは貸借対照表です。

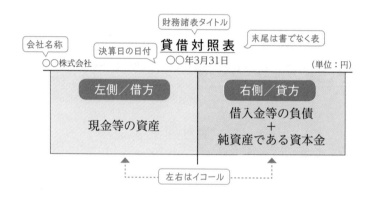

　また損益計算書は次のようになります。

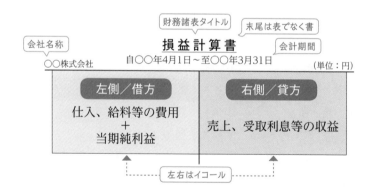

　実際に上記の財務諸表の作成はもう少し細かいルールがあるので次頁以降説明します。

**5**

帳簿の締切

# 3 貸借対照表の表示

　実際に貸借対照表を作成してみます。

　正式な貸借対照表は下記の勘定式(もうひとつ報告式という作成方法もある)により作成されます。この貸借対照表は一般的に会社の規模等に関係せず、勘定式で作成します。

　また、本格的な貸借対照表は資産や負債を流動、固定資産や流動、固定負債に区分し、さらにこれらの内訳を細分化します。

　しかし今回は入門編なのでごく基本的な貸借対照表を下記に示すことにします。

## 貸 借 対 照 表

○○会社　　　　　　　　　　　○○年3月31日現在　　　　　　　　(単位：円)

| | | | | | |
|---|---|---|---|---|---|
| 現 金 預 金 | | ×××| 支 払 手 形 | | ×××|
| 受 取 手 形 | ××× | | 買 掛 金 | | ×××|
| 貸倒引当金 | ××× | ×××| 未 払 金 | | ×××|
| 売 掛 金 | ××× | | 借 入 金 | | ×××|
| 貸倒引当金 | ××× | ×××| 預 り 金 | | ×××|
| 有 価 証 券 | | ×××| 前 受 金 | | ×××|
| 商 品 | | ×××| 未 払 費 用 | | ×××|
| 前 払 金 | | ×××| 前 受 収 益 | | ×××|
| 前 払 費 用 | | ×××| 資 本 金 | | ×××|
| 未 収 収 益 | | ×××| 当 期 純 利 益 | | ×××|
| 建 物 | ××× | | | | |
| 減価償却累計額 | ××× | ×××| | | |
| 備 品 | | | | | |
| 減価償却累計額 | ××× | ×××| | | |
| 土 地 | | ×××| | | |
| | | ××××| | | ××××|

あとから科目追加による不正を防止するための斜線

◀----　左右はイコール　----▶

# 4 貸借対照表作成上の注意点

　左頁の貸借対照表を参考にして、その表示等の注意をして
おきますから参考にして下さい。

**Look!**

## 作成上の注意点

1. 貸借対照表は一定期日の財政状態を示すもので、決算日の日付で作成します。損益計算書の会計期間とは違うので注意すること。
2. 借方(左側)には資産の勘定をならべ、貸方(右側)には負債と純資産の勘定科目をならべてください。
3. 資産と負債をならべるときには、流動性といって現金、預金や支払手形など、近日中に金銭の収支があると考えられるものを上から順に並べること。
4. 期中で仕訳に使っていた勘定科目と貸借対照表に使われている科目の名称などが違うことがあります。これは帳簿上の勘定科目ではなく貸借対照表用の"表示科目"だからです。

　　　　(例)　現金、当座預金勘定 → 現金預金
5. 受取手形や売掛金に対する貸倒引当金は、貸借対照表の貸方(右側)に計上せずに、借方(左側)で受取手形や売掛金から控除する形式で表示します。この表示方法を科目別間接控除と呼びます。
6. 固定資産のうち、減価償却資産に対する減価償却累計額も貸倒引当金と同様に貸方(右側)に計上するのではなく、借方(左側)で各固定資産から控除する形式で表示するので注意して下さい。

### 貸 借 対 照 表

　　　　　　：
車 両 運 搬 具 350,000
減価償却累計額 130,000　　220,000

取得原価が35万円、減価償却がすでに13万円計上され帳簿価額22万円ということです。

7. 貸借対照表は借方(左側)の資産の合計から、貸方(右側)の負債と純資産の合計を引くと当期純利益が計上されます。
8. 当期純利益は、純資産の1項目と考えて表示しますが、資本金とは区別して独立した項目として表示すること。もちろんこの金額は、損益計算書の当期純利益の金額と一致します。
9. 貸借対照表は別名バランスシートと呼ばれています。したがって、最後は必ず貸借、左右の金額を一致させなければなりません。

**5** 帳簿の締切

# 5 損益計算書の表示

　財務諸表の作成様式(方法)には、勘定式と報告式があります。貸借対照表は勘定式で作成するのがスタンダードなスタイルです。

　しかし損益計算書は報告式(参照：P280)と呼ばれる方法で作成されるのが一般的です。

　しかし、今回は入門編ですので勘定式の作成を中心にして説明をします。

　損益計算書を勘定式で作成すれば次のようになります。

## 損 益 計 算 書

| ○○会社 | 自○○年4月1日～至○○年3月31日 | | (単位：円) |
|---|---|---|---|
| 期首商品棚卸高 | ×××　 | 売　　上　　高 | ××× |
| 当期商品仕入高 | ×××　 | 期末商品棚卸高 | ××× |
| 給　　　　　料 | ×××　 | 受 取 配 当 金 | ××× |
| 水 道 光 熱 費 | ×××　 | 受 取 利 息 | ××× |
| 旅 費 交 通 費 | ×××　 | 受 取 家 賃 | ××× |
| 広 告 宣 伝 費 | ×××　 | 有価証券評価益 | ××× |
| 減 価 償 却 費 | ×××　 | 雑 収 入 | ××× |
| 貸倒引当金繰入 | ×××　 | 固定資産売却益 | ××× |
| 租 税 公 課 | ×××　 | | |
| 支 払 手 数 料 | ×××　 | | |
| 支 払 地 代 | ×××　 | | |
| 手 形 売 却 損 | ×××　 | | |
| 支 払 利 息 | ×××　 | | |
| 固定資産売却損 | ×××　 | | |
| 雑　　　　　損 | ×××　 | | |
| 当 期 純 利 益 | ×××　 | | |
| | ×××× | | ×××× |

# **6** 損益計算書作成上の注意点

　左頁の損益計算書を参考にして、その表示等の注意点を紹介しますので参考にしてください。

### 作成上の注意点

1. 損益計算書は会計期間の報告書ですから、必ず会計期間をいつからいつまでと明記する必要があります。これに対して貸借対照表は決算日の日付が、タイトルの下に書いてあるので区別ができるようにしておくこと。

2. 損益計算書の上では、費用は借方(左側)で、収益は貸方(右側)に書きます。これは仕訳のときの費用は左、収益は右という左右の感覚で理解してください。

3. 商品の売上原価は、期首や期末の商品の内訳を示すために、ばらばらに書くことが一般的です。

4. 損益計算書に使われている科目は、仕訳のときに使っている "勘定科目" と少し違うことがあります。これは "表示科目" といって損益計算書独特のものなので名称が少し違う科目でも計上額が同じなら問題はないと考えてください。

5. ふつうは貸方(右側)の収益のほうの金額が、借方(左側)の費用の金額より多いので、合計などするとき、右側から計算したほうがいいでしょう。

6. 実際に損益計算書を作成する問題では、金額はわかるものからどんどん入れていってください。採点されるときは、バラバラの配点ですから、このわかるところを書いておくのは大事なことです。

7. ふつう当期純利益は損益計算書の借方(左側)の最後に計算します。

8. 貸借対照表の当期純利益と損益計算書の当期純利益の金額は同じになります。金額が合うまで見直しをして点検を繰り返すこと。

**5**
帳簿の締切

# **7** 財務諸表の作成

下記の例により決算整理仕訳を一つひとつやりながら財務諸表を作成してみましょう。

次の資料を参考にして、解答欄の貸借対照表と損益計算書を作成しなさい。なお、決算日は年1回、3月31日とする。

(資料1)

## 残 高 試 算 表
○2年3月31日

| 現　　　　金 | 42,300 | 支 払 手 形 | 28,600 |
|---|---:|---|---:|
| 当 座 預 金 | 100,400 | 買 　 掛 　 金 | 26,600 |
| 受 取 手 形 | 30,000 | 仮 　 受 　 金 | 5,000 |
| 売 　 掛 　 金 | 25,000 | 借 　 入 　 金 | 40,000 |
| 売買目的有価証券 | 7,000 | 貸 倒 引 当 金 | 800 |
| 繰 越 商 品 | 57,000 | 減価償却累計額 | 57,600 |
| 備 　 　 　 品 | 80,000 | 資 　 本 　 金 | 250,000 |
| 土 　 　 　 地 | 100,000 | 売 　 　 　 上 | 487,100 |
| 仕 　 　 　 入 | 394,000 | 受 取 地 代 | 4,800 |
| 給 　 　 　 料 | 39,500 | | |
| 支 払 家 賃 | 13,000 | | |
| 通 　 信 　 費 | 7,200 | | |
| 消 耗 品 費 | 1,700 | | |
| 支 払 保 険 料 | 2,700 | | |
| 現 金 過 不 足 | 700 | | |
| | 900,500 | | 900,500 |

(資料2)
1. 期末商品の棚卸高は、48,500円である。
2. 仮受金5,000円は、得意先から売掛金の回収として約束手形を受取った際に、下記の処理をして計上したものである。
   （受 取 手 形）5,000 （仮 受 金）5,000
3. 期末の受取手形および売掛金の合計額に差額補充法により2%の貸倒引当金を計上するものとする。
4. 備品について、定額法（耐用年数 8年）により減価償却費を計上する。なお、残存価額は取得原価の10%とする。
5. 売買目的有価証券の期末時価は、8,500円であり評価替を行う。

6. 現金過不足勘定のうち600円は、消耗品費の記帳漏れであることが判明した。残額は、原因が不明であるために、決算において適切に処理する。
7. 借入金40,000円は、○2年1月1日に期間1年、利率年8％の条件で借り入れたものであり、決算に際して未払利息を計上する。
8. 経過勘定項目を次の通り計上する。
　　　前払家賃　1,000円、前払保険料　300円、前受地代　400円

　上記の決算整理仕訳をまず一つひとつ処理することにして下記の仕訳をやってみましょう。

1. **売上原価の計算**

　　（仕　　　　入）　　　　　　　（繰 越 商 品）
　　（繰 越 商 品）　　　　　　　（仕　　　　入）

2. **仮受金の精算**

　　（仮　受　金）　　　　　　　（売　掛　金）

3. **貸倒引当金の設定**

　　（貸倒引当金繰入）　　　　　　　（貸 倒 引 当 金）

4. **減価償却費の計上**

　　（減 価 償 却 費）　　　　　　　（減価償却累計額）

5. **売買目的有価証券の評価替**

　　（売買目的有価証券）　　　　　　　（有価証券評価益）

6. **現金過不足勘定の精算**

　　（消 耗 品 費）　　　　　　　（現 金 過 不 足）
　　（雑　　　損）

7. **未払費用の計上**

　　（支 払 利 息）　　　　　　　（未 払 費 用）

8. **経過勘定項目の計上**

　　（前 払 費 用）　　　　　　　（支 払 家 賃）
　　　　　　　　　　　　　　　　（支 払 保 険 料）
　　（受 取 地 代）　　　　　　　（前 受 収 益）

**解答欄**

　この解答用紙はA4、B5用紙等に拡大コピーして最低3回作成すること。

## 貸 借 対 照 表

○○会社　　　　　　　　　○2年3月31日現在　　　　　　（単位：円）

| | | | | |
|---|---|---|---|---|
| 現 金 預 金 | （　　　） | 支 払 手 形 | （　　　） |
| 受 取 手 形 | （　　） | 買 掛 金 | （　　　） |
| （　　　） | （　　）（　　） | 短 期 借 入 金 | （　　　） |
| 売 掛 金 | （　　） | （　　）収 益 | （　　　） |
| （　　　） | （　　）（　　） | （　　）費 用 | （　　　） |
| 有 価 証 券 | （　　） | 資 本 金 | （　　　） |
| 商 品 | （　　） | 当期純（　　） | （　　　） |
| 前 払 費 用 | （　　） | | |
| 備 品 | （　　） | | |
| （　　　） | （　　）（　　） | | |
| 土 地 | （　　） | | |
| | （　　　） | | （　　　） |

## 損 益 計 算 書

○○会社　　　　　　自○1年4月1日～至○2年3月31日　　　　（単位：円）

| | | | |
|---|---|---|---|
| 期首商品棚卸高 | （　　） | 売 上 高 | （　　） |
| 当期商品仕入高 | （　　） | 期末商品棚卸高 | （　　） |
| 給 料 | （　　） | 受 取 地 代 | （　　） |
| 貸倒引当金（　　） | （　　） | （　　　） | （　　） |
| 減 価 償 却 費 | （　　） | | |
| 支 払 家 賃 | （　　） | | |
| 通 信 費 | （　　） | | |
| 消 耗 品 費 | （　　） | | |
| 支 払 保 険 料 | （　　） | | |
| （　　）利 息 | （　　） | | |
| （　　　） | （　　） | | |
| 当期純（　　） | （　　） | | |
| | （　　） | | （　　） |

解 答

## 貸 借 対 照 表

○○会社　　　　　　　　○2年3月31日現在　　　　　　（単位：円）

| | | | |
|---|---|---|---|
| 現 金 預 金 **10**（142,700） | 支 払 手 形 | （ 28,600） |
| 受 取 手 形（ 30,000） | 買 掛 金 | （ 26,600） |
| （貸倒引当金）（ 600 **10** 29,400） | 短 期 借 入 金 | （ 40,000） |
| 売 掛 金（ 20,000） | （ 前 受 ）収 益 **10** | （ 400） |
| （貸倒引当金）（ 400）（ 19,600） | （ 未 払 ）費 用 **10** | （ 800） |
| 有 価 証 券 （ 8,500） | 資 本 金 | （250,000） |
| 商 品 （ 48,500） | 当期純（利益） **10** | （ 17,000） |
| 前 払 費 用 （ 1,300） | | |
| 備 品（ 80,000） | | |
| （減価償却累計額）**10** 66,600）（ 13,400） | | |
| 土 地 （100,000） | | |
| （363,400） | | （363,400） |

## 損 益 計 算 書

○○会社　　　　　　　自○1年4月1日～至○2年3月31日　　　　　　（単位：円）

| | | | |
|---|---|---|---|
| 期首商品棚卸高 （ 57,000） | 売 上 高 | （487,100） |
| 当期商品仕入高 （394,000） | 期末商品棚卸高 | （ 48,500） |
| 給 料 （ 39,500） | 受 取 地 代 **10** | （ 4,400） |
| 貸倒引当金（繰入）（ 200） | （有価証券評価益） **10** | （ 1,500） |
| 減 価 償 却 費 （ 9,000） | | |
| 支 払 家 賃 （ 12,000） | | |
| 通 信 費 （ 7,200） | | |
| 消 耗 品 費 **10** （ 2,300） | | |
| 支 払 保 険 料 （ 2,400） | | |
| （ 支 払 ）利 息 （ 800） | | |
| （ 雑 損 ） （ 100） | | |
| 当期純（利 益） **10** （ 17,000） | | |
| （541,500） | | （541,500） |

神レベル
**80** 以上

## 解 説

　財務諸表を作成する問題も、基本的には精算表の作成問題と同じように決算整理仕訳を1つずつ処理しながら解答欄を埋めていきます。

1. 売上原価の計算

　　売上原価を算出するために下記の仕訳が行われています。

　　（仕　　　　入）　57,000　（繰 越 商 品）　57,000
　　（繰 越 商 品）　48,500　（仕　　　　入）　48,500

2. 仮受金の精算

　　売掛金の回収時に、貸方（右側）が仮受金勘定で処理されていますが、本来は売掛金勘定をマイナスさせなければならないので修正のための仕訳が必要です。

　　（仮　受　金）　5,000　（売　掛　金）　5,000

　　※正しい処理

　　　期中で約束手形を回収したときには下記の処理を行うべきだったということです。
　　　（受 取 手 形）　5,000　（売　掛　金）　5,000

3. 貸倒引当金の設定

　　上記2.の修正を考慮して、受取手形と売掛金に貸倒引当金を設定します。差額200円だけを繰入れ、当期設定額は貸借対照表に、科目別間接控除で表示すること。

　　（貸倒引当金繰入）　　200*　（貸 倒 引 当 金）　　200

　　※繰入額の内訳

　　$$(\underset{受取手形}{30{,}000円} + \underset{売掛金}{25{,}000円} - \underset{仮受金}{5{,}000円}) \times 2\% - \underset{残高}{800円} = 200円$$

4. 減価償却費の計上

　　減価償却費を次の通り計上します。

　　（減 価 償 却 費）　9,000*　（減価償却累計額）　9,000

　　※減価償却費の内訳

　　$$\frac{80{,}000円 - 80{,}000円 \times 0.1}{8年} = 9{,}000円$$

5. **売買目的有価証券の評価替**

本問では有価証券を時価評価すると評価益が計上されます。

(売買目的有価証券)　　1,500　(有価証券評価益)　　1,500※

**※評価益の内訳**
　有価証券評価益：8,500円$\underset{時\ 価}{}$ － 7,000円$\underset{帳簿価額}{}$ ＝ 1,500円

6. **現金過不足勘定の精算**

借方に計上されている現金過不足勘定700円は、現金の実際残高が帳簿残高より不足したことにより発生したものです。

不足額700円のうち600円は、原因が判明したので該当する科目に振り替え、残高100円は原因が不明なため、雑損勘定へ振り替えてください。

(消 耗 品 費)　　600　(現金過不足)　　700
(雑　　　損)　　100

7. **支払利息の計上**

○2年1月1日に借入れた40,000円について、利率年8％で同年3月31日までの3ヵ月の利息を未払利息として計上します。

(支 払 利 息)　　800　(未 払 費 用)　　800※

**※内訳**
40,000円 × 8％ × $\dfrac{3\,ヵ月(○2.1.1〜○2.3.31)}{12\,ヵ月(○2.1.1〜○2.12.31)}$ ＝ 800円

8. **経過勘定項目の計上**

前払費用(支払家賃、支払保険料)と前受収益(受取地代)を計上する処理が必要です。

貸借対照表では、前払家賃、前払保険料は一括して前払費用という表示科目を用いて計上することが基本です。

(前 払 費 用)　　1,300　(支 払 家 賃)　　1,000
　　　　　　　　　　　　(支払保険料)　　300
(受 取 地 代)　　400　(前 受 収 益)　　400

参 考

次に使用するテキストからは下記のような報告式の損益計算書しか作成しません。メモ用紙などに自分でこの損益計算書を作成して、その作成方法をマスターしておきましょう。

## 損 益 計 算 書

○○会社　　　　　自○1年4月1日～至○2年3月31日　　　　　(単位：円)

| I 売 上 高 | | 487,100 |
|---|---|---|
| II 売 上 原 価 | | |
| 　期首商品棚卸高 | 57,000 | |
| 　当期商品仕入高 | 394,000 | |
| 　　　計 | 451,000 | |
| 　期末商品棚卸高 | 48,500 | 402,500 |
| 　　売 上 総 利 益 | | 84,600 |
| III 販売費及び一般管理費 | | |
| 　給　　料 | 39,500 | |
| 　貸倒引当金繰入 | 200 | |
| 　減 価 償 却 費 | 9,000 | |
| 　支 払 家 賃 | 12,000 | |
| 　通 信 費 | 7,200 | |
| 　消 耗 品 費 | 2,300 | |
| 　支 払 保 険 料 | 2,400 | 72,600 |
| 　　営 業 利 益 | | 12,000 |
| IV 営 業 外 収 益 | | |
| 　受 取 地 代 | 4,400 | |
| 　有価証券評価益 | 1,500 | 5,900 |
| V 営 業 外 費 用 | | |
| 　支 払 利 息 | 800 | |
| 　雑　　損 | 100 | 900 |
| 　　当 期 純 利 益 | | 17,000 |

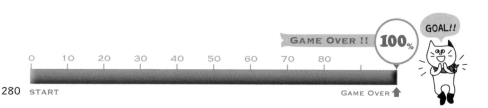

GAME OVER !! 100% GOAL!!

0　10　20　30　40　50　60　70　80

実務のことを学ぶならこちら
# 著者・堀川先生による動画講義のご案内

パソコンだけでなく、スマートフォンやタブレットなどでもご覧頂ける講義です。

## 経理実務講座

- 実務の流れを学習しながら、受験をするための簿記と実務で使う簿記の違いや、経理の仕事について学習していきます。
- これから経理職に就きたいという方、簿記3級を始めたばかりという方にもお勧めの講座となります。

講義時間：約2時間40分

## 建設業の原価計算講座

- 原価という概念・原価計算の方法・建設業の工事原価・製造原価を通して、原価管理の方法を学習していきます。
- 原価に関係のあるお仕事を担当される方、建設業の経理に就かれる方にお勧めの講座となります。

講義時間：約3時間15分

詳しい内容・受講料金はこちら

https://tlp.edulio.com/net-school2/cart/index/tab:569

視聴にともなう通信料等はお客様のご負担となります。あらかじめご了承ください。
また、講義の内容などは予告なく変更となる場合がございます。(2020年2月現在)

ネットスクールは、
書籍と WEB 講座であなたのスキルアップ、キャリアアップを応援します！
挑戦資格と自分の学習スタイルに合わせて効果的な学習方法を選びましょう！

## 独学合格に強い ネットスクールの 書籍

図表やイラストを多用し、特に独学での合格をモットーにした『とおる簿記シリーズ』をはじめ、受講生の皆様からの要望から作られた『サクッとシリーズ』、最新の出題範囲に対応できるように改題した『未来のための過去問題集』など、バラエティに富んだシリーズを取り揃えています。

## 質問しやすい！わかりやすい！学びやすい!! ネットスクールの WEB講座

ネットスクールの講座はインターネットで受講する WEB 講座。 質問しやすい環境と徹底した
サポート体制、そしてライブ（生）とオンデマンド（録画）の充実した講義で合格に近づこう！

### ネットスクールのWEB講座、4つのポイント！

**1 自宅で、外出先で受講できる！**
パソコン、スマートフォンやタブレット端末とインターネット環境があれば、自宅でも会社でも受講できます。

**2 授業中にチャットで質問できる！**
決まった曜日・時間にリアルタイムで講義を行うライブ講義では、チャットを使った質問や、「もっと詳しく」などリクエストもOK！

**3 自分のペースでできる**
ライブ講義の翌日から講義を録画したオンデマンド講義が配信され、受講期間中なら何度でも繰り返し受講できます。リアルタイムで受講できなかった場合や、復習にも最適です。

**4 質問サポートもばっちり！**
電話（平日 11:00 ～ 18:00）や受講生専用 SNS【学び舎】
*またはメールでご質問をお受けします。

※ 画面イメージや機能は変更となる場合がございます。ご了承ください。

**❶ 講師画面**
講師が直接講義をします。臨場感あふれる画面です。

**❷ チャット**
講義中に講師へ質問できます。また、「今のところもう一度説明して！」などのご要望もOKです。

**❸ ホワイトボード**
板書画面です。あらかじめ準備された「まとめ画面」や「資料画面」に講師が書き込んでいきます。画面キャプチャも可能です。

**❹ 状況報告ボタン**
ご自身の理解状況を講義中に講師に伝えることができるボタンです。

＊【学び舎】とは、受講生同士の「コミュニケーション」機能、学習記録や最近の出来事等を投稿・閲覧・コメントできる「学習ブログ」機能、学習上の不安点をご質問頂ける「質問Q＆A」機能等を備えた、学習面での不安解消、モチベーションアップ（維持）の場として活用頂くための、ネットスクールのWEB講座受講生専用SNSです。

WEB 講座開講資格：https://www.net-school.co.jp/web-school/

※ 内容は変更となる場合がございます。最新の情報は弊社ホームページにてご確認ください。

## 学びやすい！分かりやすい！

# ネットスクールの 税理士WEB講座

**【開講科目】簿記論・財務諸表論、法人税法、相続税法、消費税法、国税徴収法**

## ～税理士 WEB 講座の5つの特長～

### 楽しく学べる！　オンライン受講システム

●ネットスクールの WEB 講座は、まるで目の前に講師がいるかのような臨場感のある講義をご自宅や外出先、どこでも受講できます。しかも、生配信の際には、チャットでの双方向コミュニケーションを用いて、教室よりも楽しく学習できます。また、講義はすべて収録しているので、受講期間内であればお好きな時に何度でも講義を見直すことも可能です。

### 丸暗記にサヨナラ！　実力派講師陣

●近年の税理士試験は「理解力」を必要とし、とにかく覚える「丸暗記型学習」では対応できなくなっていることを踏まえ、税理士 WEB 講座では、経験豊富なベテラン講師を集結！本質を捉えた内容の濃い講義を分かりやすくお届けします。

### 最新トレンドに対応！　ムリ・ムダ・ムラのないカリキュラム

●ネットスクールの税理士 WEB 講座では、知識を身に付ける INPUT 講義と、問題演習を行う OUTPUT 講義を最適な形で組み合わせて、理想的な形で実力を伸ばすことができるカリキュラムとしています。また、初めての方には『標準コース』、再挑戦の方には『上級コース』といった具合に、受験生の方々に合ったコースを選んで頂くことが可能です。

### 初めてでも安心！　徹底サポート

●ネットスクールの WEB 講座では、受講生専用 SNS『学び舎』を開設しており、講師へのご質問やご相談はもちろんのこと、受講生の方々が交流できる場としてもご活用頂けるようになっています。通信講座ではありますが、一人にはさせないサポートで、合格までご案内します。

### 喜びの声！　合格者 続々輩出！

●ネットスクールの税理士 WEB 講座で合格された方々から、毎年多くの喜びの声を頂戴して おります。紙面の都合上、少しではありますがご紹介させていただきます。

> 5 年間、簿記論・財務諸表論ともに合格することができず、もう試験を受けること自体をやめようと思ったこともありました。しかし、初心に返り、基礎から学び直すつもりで標準コースを受講したところ簿記論に合格することが出来ました。質問が簡単に出来るところがよく、直前期ではすぐに対応をしてもらえたので、わからない問題を放置することなく解決 できたことがとてもよかったです。（簿記論合格 I さん）

> 仕事や住まいの関係で通信でしか勉強できない環境だったのでいろいろ検討した結果、先生の評判や通信なのにその場で質問できるライブ授業が決め手でネットスクールを選びました。なによりも先生の授業が楽しく待ち遠しく感じるほど魅力があったことが合格につながったのかなと思います。　　　（財務諸表論合格 A さん）

無料説明会や無料体験講義を随時配信中！
詳しい情報はネットスクールホームページをご確認下さい。

**ネットスクール WEB 講座**　(フリーコール) **0120-979-919**　（平日 10:00 ～ 18:00）

ネットスクール　検索　今すぐアクセス！　　**https://www.net-school.co.jp/**

※ 講座の内容等は変更となる場合がございます。あらかじめご了承ください。

# 知識ゼロでも大丈夫！
# 税理士試験のための簿記入門

2020 年 3 月 16 日　初 版　第 1 刷発行

| | |
|---|---|
| 著　　　　者 | 堀川　洋 |
| 発　行　者 | 桑原知之 |
| 発　行　所 | ネットスクール株式会社　出版部 |
| | 〒101－0054　東京都千代田区神田錦町 3－23 |
| | 電　話　03 (6823) 6458 (営業) |
| | ＦＡＸ　03 (3294) 9595 |
| | https://www.net-school.co.jp |

| | |
|---|---|
| 制 作 管 理 | とりい書房　教務部 |
| カバーデザイン | 株式会社オセロ |
| イ ラ ス ト | いでたかこ |
| デ ザ イ ン | 中村敬子 |
| 本 文 制 作 | 中村敬子 |
| 校　　　　正 | 熊取谷貴志　加納宏朗 |
| 編　　　　集 | 吉川史織 |
| 印 刷・製 本 | 音羽印刷株式会社 |

©Yo Horikawa 2020　Printed in Japan　ISBN978-4-7810-1613-9